Robert David

La pêche maritime au point de vue international

Elibron Classics
www.elibron.com

Elibron Classics series.

ISBN 0-543-69453-4 (paperback)
ISBN 0-543-69452-6 (hardcover)

This Elibron Classics Replica Edition is an unabridged facsimile of the edition published in 1897 by Rousseau, Paris.

LA PÊCHE MARITIME

AU POINT DE VUE INTERNATIONAL

PAR

ROBERT DAVID

DOCTEUR EN DROIT

AVOCAT A LA COUR D'APPEL

PARIS

LIBRAIRIE NOUVELLE DE DROIT ET DE JURISPRUDENCE

ARTHUR ROUSSEAU

ÉDITEUR

14, RUE SOUFFLOT ET RUE TOULLIER, 13

—

1897

AVANT-PROPOS

Au début de ce travail, je crois nécessaire de donner de brèves explications sur le titre lui-même que j'ai choisi et sur la portée qu'il convient de lui accorder. En traitant de la pêche maritime au point de vue international, mon intention a été de faire un choix parmi les nombreux sujets d'étude que peut présenter la pêche en général, et d'approfondir plus spécialement d'abord la pêche en haute mer et, dans une seconde partie, les questions internationales qu'elle a soulevées; quoiqu'à mon sens la dénomination pêche maritime, *s'opposant surtout à la pêche fluviale, puisse s'appliquer à la fois à la pêche côtière et à la pêche en haute mer.*

Il ne faudrait pas s'attendre cependant à ce que la pêche côtière, bien souvent et longuement exposée dans de nombreux traités, ait été laissée par moi absolument dans l'ombre. Il est bien évident, en effet, que toutes les questions relatives à la pêche se tiennent plus ou moins entre elles, qu'elles ont toutes des points de similitude et de contact, qu'elles sont en quelque sorte emboitées les unes dans les autres. Vouloir en arracher une du bloc tout entier et l'étudier toute seule, à l'exclusion de toute autre, serait courir le risque de faire un travail mal étayé et surtout incomplet. Aussi, ai-je préféré ne pas m'astreindre à rester dans les limites d'un cadre trop étroit ; pour donner à cette thèse une portée d'ensemble, plus générale, qui me paraissait nécessaire, j'ai dû faire une certaine place à des questions relatives à la pêche côtière et à la pêche elle-même, dans le sens large du mot.

Il m'a semblé que, tout en augmentant ainsi la longueur de cet ouvrage, j'en augmentais également la clarté, peut-être l'intérêt. Je souhaite ne pas avoir jugé à faux et avoir réussi dans l'œuvre, un peu complexe, que j'ai voulu entreprendre.

Enfin, ayant obtenu l'autorisation de consulter les Archives et la Bibliothèque du Ministère de la Marine et de me mettre en rapport avec le personnel du Bureau des Pêches, je tiens à faire connaître que plusieurs des renseignement inédits contenus dans ce travail proviennent de cette source d'informations, et j'exprime ici ma vive gratitude à M. Chansarel, chef du Service, pour son obligeance à faciliter mes recherches.

Première partie

La pêche en général et spécialement la pêche maritime

CHAPITRE PREMIER

Préliminaires

Avant d'étudier la pèche maritime, telle qu'elle se pratique de nos jours, il est peut-être nécessaire et intéressant, pour expliquer son grand développement actuel, de montrer — d'ailleurs rapidement — quelle a été l'importance, au point de vue historique et social, de la pèche. Quand on examine l'évolution des sociétés, on se rend compte que, pendant des siècles, bien des peuples, habitants des rivages de la mer ou des grands fleuves, ont vécu du simple produit de leur pèche. Peuples chasseurs, peuples pècheurs : c'est là, d'après bien des économistes — List et Le Play par exemple — une des formes par lesquelles a passé l'humanité.

Bien avant la découverte de l'Amérique par Christophe Colomb, de hardis marins, originaires des rives de la Scandinavie, avaient déjà poussé leurs courses aventureuses jusqu'au nouveau continent. Le Groënland, l'Islande, Terre-Neuve avaient été reconnus et des navires de pêche y avaient abordé.

A un autre point de vue, on ne peut méconnaître non plus combien les perpétuels dangers, inséparables de toute expédition de pêche, endurcissent les peuples pêcheurs aux fatigues et les habituent au sang-froid, à la bravoure, en les mettant perpétuellement face à face avec la mort. Les actes d'héroïsme, chez les peuples habitant des côtes, sont légion. Je n'en veux d'autre preuve que cette phalange d'hommes illustres, nés sur les côtes de Picardie, de Normandie, de Bretagne, et qui, depuis le XVe siècle, ont parcouru les mers à la recherche des continents nouveaux, bravant mille dangers et répandant partout le nom de la France.

Ce fut à cette époque entre les nations maritimes comme une course effrénée vers l'inconnu : ce serait à qui aborderait le premier à de lointains rivages, jusqu'alors ignorés, et planterait sur ce sol étranger, au milieu de populations sauvages, le drapeau de sa patrie.

N'est-ce pas là, au premier chef, un moyen de développer le sentiment national, l'idée de patrie ? A côté de ces hardis navigateurs qui n'ont eu en vue que de découvrir et d'explorer, combien de marins ont guerroyé, armé des Corsaires à leurs risques et périls, pour le service du roi de France ?

Si l'on peut dire qu'envisagée à ce point de vue la pêche maritime est en quelque sorte l'auxiliaire du patriotisme, elle offre d'autres avantages indéniables, plus immédiats. La pêche a assuré et assure encore à des millions d'individus l'existence quotidienne. Une grande partie des populations normandes et bretonnes ne vivent que du produit de leur pêche. C'est en quelque sorte là une population à part, une race où l'on est pêcheur de père en fils et où les vieilles habitudes et les traditions se perpétuent. Devant le danger si souvent présent et menaçant, devant ces forces naturelles incommensurables, supérieures à toute science humaine, au milieu desquelles l'homme se sent si petit, le besoin d'union se fait sentir. Les rivalités, les luttes intestines disparaissent ; on se tend la main, on se prête mutuellement appui et il semble que l'on ne soit qu'un membre d'une seule et grande famille.

Il serait certainement superflu d'insister sur ces avantages et sur ceux, si grands, que nous pouvons attendre de ces peuples pêcheurs au point de vue de la défense nationale. Chacun sait jusqu'à quel degré les marins, dans les combats, peuvent pousser l'héroïsme.

CHAPITRE II

Domaine de la pêche maritime — Liberté des mers et de la pêche.

Etant donnée la surface immense qu'occupent sur notre globe les Océans et les mers, il semble absolument impossible d'admettre une appropriation quelconque, par des propriétaires quelconques, de cette masse liquide énorme. Chaque Etat doit avoir le droit d'envoyer en pleine mer ses navires se livrer à la navigation et à la pêche : tel est le principe logique.

Mais ce principe de la liberté des mers, malgré son évident caractère de justice et de logique, a-t-il toujours été admis ?

Non, il est arrivé souvent que des prétentions ont été élevées, de la part de certaines nations, pour la domination exclusive, et à leur profit, de toute la surface des mers.

Dans l'antiquité, ce furent : Tyr, Egine, la Crête, Rhodes, la Perse, la Grèce, la Macédoine, l'Egypte, Carthage. L'empereur romain, maître du monde, est reconnu comme ayant une domination sur l'Océan. A des époques plus voisines de nous, ce droit de souveraineté fut revendiqué, et principalement lors de la découverte de l'Amérique. Une bulle du Pape Alexandre VI établit un méridien fictif passant par les îles du Cap vert : tout ce qui se trouvait à l'Ouest devait appartenir aux couronnes réunies de Castille et d'Aragon, ce qui était situé à l'Est était la propriété de la couronne de Lusitanie *(Portugal)*.

A d'autres époques de l'histoire, différentes puissances se sont arrogées des droits sur la mer :

1° ETATS DE LA MÉDITERRANÉE. — Turquie, sur la Mer Noire ; Gênes, sur la mer de Ligurie ; Venise, sur l'Adriatique ; celle-ci s'engageait à protéger le commerce contre les Sarrazins.

2° PUISSANCES SCANDINAVES. — En 1432, Eric, roi de Danemark et Norvège, déclare au roi Anglais qu'il faut une autorisation du roi de Danemark pour faire le commerce ou la pêche dans les mers norwégiennes. Dans la suite, ce privilège fut accordé aux sujets anglais par plusieurs traités qui furent tantôt observés, tantôt proclamés de nul effet : il s'agissait du territoire qui environne l'Islande et de la pêche de la baleine qui était très fructueuse. De nombreux traités prouvent que, dans le cours du XVIIe siècle, on reconnaissait encore la domination des rois de Danemark sur la mer qui entoure l'Islande et le Groënland.

3° L'ANGLETERRE. — Depuis le règne du roi Edgard (959-975), les maîtres de l'Angleterre revendiquaient la souveraineté de toutes les mers qui environnent le pays, au sens le plus large « *mare anglicanum circum quoque* ». La reine Elisabeth a bien dit que l'usage de la mer et de l'eau était commun à tous et qu'aucune nation, aucun particulier ne pouvaient exercer de droit sur l'Océan, parce que la nature ni l'usage ne permettaient d'en prendre possession. Mais ce fut là une affirmation isolée qui trouvait sa raison d'être dans la politique commerciale de l'époque.

Au début du XVIIe siècle, la question de la souveraineté de la mer fut discutée scientifiquement dans les écrits de différents publicistes. Le premier écrivain qui la porta sur ce terrain fut le Hollandais Hugo de Groot ou Grotius. En 1609 parut son livre intitulé : *Mare liberum seu de jure quod Batavis competit ad Indica commercia.*

La théorie soutenue par Grotius ouvrit la voie au principe de la liberté de la mer. Il refusait absolument de reconnaître une souveraineté quelconque sur la pleine mer.

Cette thèse, appuyée d'arguments très sérieux, souleva, il n'est pas besoin de le dire, de nombreuses contradictions. Les adversaires étaient convaincus que l'application des idées de Grotius mettrait fin à leurs prétentions exclusives et exagérées et bouleverserait les rapports maritimes à leur détriment.

Charles Ier, roi d'Angleterre, fit des remontrances au gouvernement hollandais et réclama le châtiment de Grotius. De plus il fit écrire une réponse intitulée : *Mare clausum*, qui parut en 1635 à Londres, sous le nom de Selden. Dans la première partie, il s'efforce de prouver que, d'après la nature et le droit des gens, la mer n'est pas commune à tous les peuples, mais peut parfaitement faire l'objet d'une appropriation comme la terre ferme. Selden dit : le domaine privé de la mer s'est établi peu à peu. Avec le système qu'il soutient, le commerce maritime continuerait de s'exercer, mais à titre de permission ou de tolérance. Dans ses explications, Selden fait une confusion entre les mers territoriales et la pleine mer. C'est là qu'on découvre la nature propre de cet élément indomptable dans sa force et presque infini dans son étendue, mais qui ne se ressemble plus à lui-même, lorsqu'on le voit emprisonné dans un lac, resserré dans un golfe, ou presque entremêlé avec l'élément terrestre dans les sinuosités réciproques que forment les promontoires et les baies.

Dans la seconde partie de son ouvrage, qui a pour but de justifier le droit exclusif des Anglais à la pêche du hareng dans la mer du Nord, Selden essaie de démontrer que la mer environnant l'Angleterre est une simple dépendance de son territoire et que le roi d'Angleterre est le maître de toute son étendue. En 1636, mettant ces idées en pratique, Charles Ier envoyait dans la mer du Nord une flotte de 60 navires pour chasser les Hollandais des endroits où ils faisaient la pêche. Comme satisfaction, il exigea qu'ils vinssent solliciter l'autorisation de la continuer moyennant le paiement d'un tribut annuel. Cromwell déclara plus tard qu'il ne souffrirait pas qu'un autre drapeau que le sien flottât contre son gré sur l'Océan.

Dans l'opinion de Selden, les îles Britanniques se seraient trouvées maîtresses des mers par suite de leur position même au milieu des mers. Jusqu'à l'apparition des Normands dans la Grande-Bretagne, il ne peut faire que des hypothèses à l'appui de sa théorie ; mais ensuite il se livre, dit-il, à une démonstration méthodique. Il invoque, comme preuves que l'Angleterre a notoirement exercé un droit de souveraineté sur les mers situées à l'orient et au nord des Iles Britanniques, des faits se rapportant au *droit de passage*, *au droit de pêche et au droit de guerre*.

En ce qui concerne le droit de passage, l'Angleterre a souvent imposé des droits de péage, mis l'embargo ou fait arrêter des navires. Pour le droit de pêche, Selden cite la date de quelques édits par lesquels des rois d'Angleterre auraient octroyé aux pêcheurs de France, de Danemark, de Frise ou de Hollande, certaines permissions de pêcher dans telles limites qu'ils définissaient et sous telles conditions qu'ils imposaient en maîtres, comme par exemple celle de payer une taxe à l'amirauté.

Selden, cependant, est obligé d'avouer que ces règlements sur la pêche, émanés de la couronne d'Angleterre toute seule, sont assez rares et que, le plus souvent, l'exercice réciproque du droit de pêche maritime a été stipulé dans des traités conclus avec les princes étrangers. Mais dans ce cas, pour avoir encore raison, Selden veut que l'Angleterre seule ait stipulé comme propriétaire, tandis que les autres peuples auraient stipulé au simple titre *d'usagers*.

En ce qui touche le droit de guerre, un édit de Jacques Ier (1604), au moment de la guerre entre l'Espagne et la Hollande, défend aux belligérants de se livrer à des actes d'hostilité dans certaines parties de la mer qu'il définit.

Heureusement pour l'Angleterre, même au XVIIe siècle, elle eut des écrivains qui n'hésitèrent pas à défendre les principes de la justice et de la raison. Dans la célèbre conférence de Brême, les ambassadeurs de la reine Elisabeth d'Angleterre développèrent la théorie la plus large touchant l'usage commun de la vaste mer pour faire reconnaître par les Danois le droit des Anglais à naviguer librement sur l'Océan du Nord. Henri Bracton, docteur de l'Université d'Oxford, sous Henri III, affirme, en citant à l'appui les termes de la loi romaine, que, d'après le droit naturel, la mer, ainsi que l'air et l'eau courante, appartenait en commun à tous les hommes.

En France, le principe de la liberté des mers fut défendu par le roi Louis XIV lui-même, et c'est même là un fait assez piquant à noter de la part d'un souverain que l'on se plaît à représenter parfois comme le plus absolu et le moins libéral des monarques. L'art. 1 de la grande Ordonnance de la Marine de 1681 dit : « Déclarons la pêche de la mer libre et commune à tous nos sujets, auxquels nous permettons de la faire tant en pleine mer que sur les grèves, avec les filets et engins permis par la présente ordonnance. »

Dans son célèbre commentaire sur l'ordonnance de 1681, Valin s'exprime ainsi : « La liberté de la navigation et de la pêche en pleine mer est du droit naturel, du droit des gens et du droit civil tout ensemble. C'est que la mer est commune à tous les hommes, de même que l'air. D'où il s'en suit que nul Potentat, nul Etat souverain n'a droit de s'attribuer l'empire de la mer. »

Après un siècle et demi, ces principes, que Grotius avait été le premier à formuler, furent universellement admis dans la pratique et dans la doctrine.

D'après Perels (1), on peut ainsi formuler le principe juridique actuellement en vigueur : « Un droit de propriété ou de haut domaine sur la mer, pour autant qu'il s'agisse de possession ou de domination, n'existe pas et ne saurait faire l'objet d'une acquisition. L'usage de la haute mer, dans un but politique ou industriel ou scientifique, appartient à toutes les nations et ne peut être refusé à aucune d'elles. L'usage exclusif de certaines parties de la mer, qu'aurait eu une nation depuis un temps immémorial, ne peut pas justifier un droit exclusif, comme le non-usage depuis un temps immémorial n'a point pour conséquence la perte du droit. »

M. Azuni (2) me semble résumer cette question d'une façon tout à fait limpide quand il dit : « La mer n'appartient à personne : elle est la propriété de tous, tous y ont droit comme à l'air qu'ils respirent, comme au soleil qui

---

(1) *Manuel de Droit international maritime*, traduction Arendt.
(2) *Système général des principes du droit maritime de l'Europe*, T. I, page 12

les réchauffe. Les mers sont les grandes routes que la nature a tracées entre toutes les parties du globe pour la facile et rapide communication des différents peuples qui l'habitent. Si une nation s'empare de ces routes, si elle s'arroge le privilêge exclusif de les traverser sans obstacles, et repousse, par la crainte du pillage, tous ceux qui veulent en user comme elle, ce n'est qu'une nation de brigands. »

Mais s'il plaît à un Etat de renoncer à ses droits, et non au profit d'une autre puissance, le peut-il ? Faut-il tenir pour obligatoire un traité par lequel une nation renoncerait, pour elle ou pour ses sujets, à l'usage de la mer? La grande majorité des auteurs répond oui. Parmi les anciens, Grotius, Vattel, de Martens, Klüber ; parmi les modernes : Phillimore. Seul Hautefeuille pense que non, à tort croyons-nous.

CHAPITRE III

Restrictions au principe de la liberté des mers : Mer Territoriale, Mers Intérieures, Golfes, Baies, etc.

La mer est libre : voilà donc le principe universellement admis aujourd'hui. Mais que va-t-il se passer sur les limites de la mer, sur ses frontières en quelque sorte, là où elle vient baigner les continents terrestres ? Va-t-on admettre que les navires d'une puissance étrangère vont pouvoir à leur gré venir se livrer à la navigation le long des côtes d'un autre Etat, venir inspecter ce qui se passe sur ses rivages, y pêcher librement, ou même y débarquer à l'improviste, sur un rivage désert, à l'insu des autorités de cet Etat, des agents qui iront dans ce pays se livrer à l'espionnage ?

Refuser à un Etat certains droits sur la mer qui baigne ses rivages, serait absolument exorbitant et contraire au principe de la souveraineté. Il peut sembler au premier abord qu'un Etat ne doit pas plus avoir le droit d'interdire l'approche de ses frontières maritimes qu'il ne l'a pour ses frontières terrestres. — On peut répondre à cela qu'il est beaucoup plus facile de surveiller et de garder ses frontières terrestres ; et d'ailleurs au-delà de ces frontières elles-mêmes, l'Etat n'a-t-il aucun droit ? Si son voisin fait à sa frontière des rassemblements de troupes exagérés et non justifiés, ne peut-il pas protester, se plaindre par voie diplomatique ? Le territoire qui borde sa frontière terrestre relève d'une souveraineté ; si l'Etat qui exerce cette souveraineté commet des abus de pouvoir, l'Etat voisin sait qu'il pourra adresser à une autorité déterminée des réclamations. Mais la mer, elle, ne relève d'aucune souveraineté, si elle est absolument libre ; donc, s'il ne prend les devants, l'Etat riverain sera désarmé : ce serait là une atteinte manifeste à sa souveraineté, au droit primordial qu'a toute nation d'exister et de vivre.

Aussi a-t-on admis que, sur la portion de mer qui baigne les côtes d'un pays, l'Etat riverain devait posséder un certain droit de souveraineté.

Perels donne de cela trois motifs (1) :

1° La sécurité de l'Etat riverain exige la possession exclusive du rivage ;

2° La surveillance des navires qui entrent dans ces eaux, en sortent ou y séjournent, est réclamée pour la garantie de la bonne police et le développement des intérêts politiques, commerciaux et financiers de l'Etat riverain ;

3° La jouissance des eaux territoriales sert à assurer l'existence des populations côtières.

Il me semble donc évident que l'Etat riverain doit, dans son intérêt et au point de vue même de sa sécurité, exercer certains droits sur une partie de la mer. Mais comment va-t-on délimiter cette portion de mer qui sera fictivement considérée comme faisant partie du territoire terrestre, jusqu'où l'Etat pourra-t-il exercer sa souveraineté ?

Quand on veut délimiter, d'une façon précise, l'étendue de la mer territoriale, il y a deux points à considérer :

---

(1) *Manuel du Droit international maritime*, page 25.

1° Où commence la mer territoriale en partant du rivage ?

2° Jusqu'à quel endroit s'étend-elle ?

Sur la première question, les opinions varient. Le droit romain admettait la limite de la plus haute marée. Des conventions récentes de pêche prennent pour base la laisse de basse mer. Wheaton (1) dit que la limite doit être comptée du point où la mer devient navigable ; d'après Perels, ce serait une ligne tirée des points du rivage où l'on peut élever des batteries qui ne soient pas menacées par la marée haute. En ce qui touche les rivages de l'Océan, la question avait été réglementée par l'Ordonnance de 1681 ; pour la Méditerranée, on en était resté aux errements du droit romain.

La seconde question est encore plus controversée. Jusqu'à quel endroit va s'étendre la mer territoriale vers le large ?

Autrefois elle atteignait une largeur énorme, on voulait ainsi préserver ses rivages contre les incursions des pirates. Balde au XIV° siècle, Bodin au XVI° (*De republicâ* Lib. I., cap. X), la fixaient à soixante milles. Cœpolla (*De servitutibus prœdiorum urbanorum* cap. XXVI, n° 14) la fixe à cent milles. Loccenius (*De jure maritimo*, l. I, cap. IV, n° 6) la fixe à deux journées de chemin. D'après les uns, de Rayneval, par exemple (2), la mer territoriale comprend toutes les eaux s'étendant à portée de notre vue. Mais alors le criterium devient bien incertain et varie suivant qu'on observe du haut d'une falaise ou d'une

---

(1) Eléments du Droit International, 5° édition.

(2) *Institution du Droit de la nature et des gens*, l. II, ch. IX par. X.

plage, suivant aussi la force visuelle de l'observateur. Bynkershoeck a critiqué une ordonnance de Philippe II, roi d'Espagne, à ce sujet.

Cette thèse a cependant été reprise tout récemment, et développée à l'aide d'excellents arguments, par un sous-commissaire de la marine, M. Godey (1). Il blâme Bynkershoeck d'avoir si vivement critiqué l'ordonnance de Philippe II et il montre que le procédé de Rayneval, même avec ses défauts, était en somme tout aussi acceptable, en théorie, que le sien propre. « Comme le canon, la vue n'est que le *symbole de la puissance défensive de l'Etat*, mais elle a sur lui l'avantage d'exister *en réalité* sur tout point de la côte et souvent aussi au large sur la zône frontière, d'être partout la même et de constituer, pour le littoral, une ceinture de protection très efficace. Les marins du littoral, qui pratiquent la pêche côtière pendant le temps de *guerre étrangère*, s'intéressent aux évolutions des navires de guerre des belligérants qui viennent en vue de terre. Ils sont pour le pays des sortes de guetteurs avancés, ils peuvent fournir un précieux témoignage dans le cas où une violation de la neutralité est commise dans les eaux littorales. »

De plus, M. Godey dit que l'on aura rarement recours au canon pour réprimer une infraction commise dans les eaux territoriales. Pour permettre de protéger le littoral, le moyen que donne la vue est dans la réalité autrement employé et efficace que celui du canon. En mer, aucun obstacle ne vient s'interposer devant l'œil du guetteur, ni empêcher de faire connaître, par voie de signaux, au navire

---

(1) Voir, Paul Godey: *la Mer Côtière* — Livre I, page 19 et suivantes. — Chez Pedone, 1896.

pris en faute l'injonction de l'autorité riveraine: « Sur les côtes, aux pointes les plus avancées des caps, sont établis des postes sémaphoriques qui fouillent au loin l'horizon et, reliés à tous les services importants par le réseau télégraphique, permettent d'indiquer la position exacte des navires des belligérants et de prendre des mesures nécessaires. La vue, considérée à ce point de vue, ne constitue-t-elle pas pour le territoire un moyen défensif très efficace? »

M. Godey se demande pourquoi on ne déterminerait pas, par certaines expériences, *la portée moyenne extrême de la vue humaine,* et, le résultat une fois obtenu, on ne la traduirait pas en *chiffres précis*. « On arriverait ainsi, dit-il, à établir une distance à peu près la même en tous pays, invariable dans le temps et pour tout homme doué d'une vue normale, qui aurait comme telle de grandes chances d'être admise sans difficultés. Elle présenterait l'avantage très appréciable d'offrir une base à la fois *pratique*, *définitive* et *rationnelle*. — Des nombreux renseignements personnels que nous avons pu nous procurer auprès des gens du métier, il semble résulter que cette moyenne se rapprocherait très sensiblement de *six à sept milles* marins (11 à 13 kilom. environ) »

Nous avons insisté sur cette théorie formulée par de Rayneval parce qu'il nous a semblé que les arguments présentés en sa faveur par M. Godey étaient très sérieux et méritaient d'être pris en considération. Cette limite de six milles admise par M. Godey, comme limite de l'horizon visuel, est d'ailleurs celle à laquelle s'est arrêté l'Institut de Droit international comme mesure de la mer territoriale, dans sa session de Paris, en mars 1894, mais sans l'appuyer malheureusement sur une base rationnelle. En dehors de cette distance fixe, il avait aussi émis le vœu qu'il pourrait en temps de guerre, exister une zône de neutralité purement facultative pour les Etats neutres et pouvant aller de six milles jusqu'à la portée extrême des pièces (de sept milles à onze milles).

Nous aurons occasion de revenir tout à l'heure sur cette question quand nous parlerons des tentatives faites pour décider, par un commun accord entre les nations, un élargissement de la mer territoriale.

D'après d'autres auteurs (Valin. — *Commentaire sur l'Ordonnance de la marine de 1681,* livre V, Tit. I, T. II, p. 687), il conviendrait de tenir compte, pour la fixation de la mer territoriale, de la profondeur des eaux, jusqu'à l'endroit où la sonde peut pénétrer. Avec ce système c'est l'arbitraire qui règne ; aussi Valin admettait la portée de canon, comme limite de la mer territoriale, si le littoral était très escarpé et la mer très profonde ; si, au contraire, le littoral avait une profondeur peu considérable, il restreignait le droit de visite à deux lieues. Mais l'incertitude et l'irrégularité subsistent toujours.

Les auteurs modernes indiquent, comme base de fixation, la plus grande portée de canon. Cette théorie est conforme à la nature de la mer territoriale : *terræ potestas finitur, ubi finitur armorum vis.* Cette opinion est soutenue par Valin, Bynkershoeck et Merlin. Ce dernier a défendu deux opinions. Dans son Répertoire, au mot *Mer*, il fixe l'étendue à deux lieues de la côte; au mot *Occupation*, à la portée de canon. Parmi les autres partisans de cette théorie, il convient de citer Hautefeüille, de Cussy, Azuni, Laurence, Gemer, Bluntschli, Field, Pradier-Fodéré, Perels, Heffter, de Martens te Klüber.

Ortolan dit (1): « La plus forte portée de canon est la mesure commune, celle du droit des gens, universelle, qui doit être observée par tous en l'absence de tout traité. Ces traités ne lient que les parties contractantes. »

L'opinion suivante exposée par Hautefeuille (2) nous semble absolument claire et logique: «La définition de la mer territoriale suffit pour fixer son étendue. Les eaux maritimes ne deviennent territoriales que lorsqu'elles peuvent être défendues par le souverain du rivage d'une manière absolue et permanente; il n'y a donc que celles qui sont ainsi soumises au joug qui acquièrent cette qualité. La portée réelle de la puissance défensive est la limite de la mer privée; la plupart des peuples civilisés ont accepté cette limite. Ils regardent comme territoriale toute la partie de la mer comprise sous la grande portée d'un canon placé à terre. Toute réclamation faite par certaines nations au-delà de cette limite ne saurait être justifiée. »

Il ne s'agit pas de la réalité de la défense des côtes, mais seulement de la possibilité de cette défense. Vattel (3) soutient que l'on peut étendre la mer territoriale autant que l'exige la sécurité de l'Etat et que le permet sa puissance. Kent dit que les Etats-Unis peuvent étendre leur *imperium*, en prétextant les intérêts du fisc et les considérations de la défense nationale.

La solution qui paraît la plus logique est celle-ci: la ligne de démarcation, ou *ligne de respect*, doit exister

(1) *Règles internationales et diplomatiques de la mer* — L. II, ch. VIII, p. 175.

(2) *Histoire des origines, des progrès et des variations du droit maritime international*, page 20-22

(3) *Le droit des gens*, édition Pradier-Fodéré, t. I, p. 579.

jusqu'au point où l'Etat riverain peut effectivement exercer son *imperium*.

Cette solution est d'ailleurs celle qui est consacrée par plusieurs traités internationaux :

Règlement du Grand Duc de Toscane (art. 1) du 1er août 1778.

Edit de la République de Gênes (art. 1) du 17 juillet 1779.

Edit de la République de Venise du 9 septembre 1779.

Traité de 1786 entre la France et l'Agleterre (art. 48).

Règlement Russe sur la course (art. 2) du 31 décembre 1787.

Traité de 1787 entre la France et la Russie (art. 28)

Traité de 1787 entre le Royaume des Deux-Siciles et la Russie (art. 19)

Traité de 1794 (art. 25) entre les Etats-Unis et la Grande-Bretagne.

Traité de 1795 (art. 3) entre la France et la Régence de Tunis.

Traité de 1842 (art. 3) entre le Portugal et la Grande-Bretagne.

Mais actuellement, d'une manière assez générale, on admet une limite fixe. Des traités récents, relatifs à la pêche, fixent à 3 milles l'étendue de la mer territoriale.

Traité du 20 octobre 1818 entre les Etats-Unis et la Grande-Bretagne.

Traité du 2 août 1839, entre la France et la Grande-Bretagne.

Convention internationale signée à la Haye, le 6 mai 1882, par plusieurs Etats maritimes riverains de la mer du Nord.

Décision du tribunal arbitral de Paris (15 août 1893)

relative au différend des Etats-Unis et de la Grande-Bretagne dans la question de Behring.

En France, une loi du 1er mars 1888 consacre la même étendue et les eaux territoriales de l'Algérie s'étendent à 3 milles du littoral africain (1).

Dans l'Amérique du Sud, les tribunaux du Chili se déclarent incompétents pour les délits commis à 7 ou 9 milles des côtes.

Mais à côté de ces nombreux traités qui consacrent la limite fixe des trois milles, il faut citer les exceptions. Des traités (1685 et 1767) entre la France et le Maroc défendent aux bâtiments marocains de croiser à moins de 30 milles du littoral de la France. Le Danemarck prétend se réserver la pêche jusqu'à la distance de 15 lieues auprès du Groenland. L'Italie fait payer une patente à tous les étrangers qui veulent pêcher sur ses côtes. Enfin les Etats-Unis, la Grèce, les Pays-Bas, le Portugal, laissent la pêche côtière absolument libre pour les étrangers comme pour les nationaux, et cela probablement à cause du peu d'importance de cette industrie dans leurs eaux territoriales.

En matière de douane, l'étendue de la mer territoriale est généralement beaucoup plus large ; elle s'étend jusqu'à la portée extrême des canons, quelquefois même au-delà. En Espagne le rayon d'action de la police douanière,

---

(1) Il est également intéressant de noter que cette loi du 1er mars 1888 a été faite en partie contre les pêcheurs espagnols. Ceux-ci, en effet, d'après le Pacte de famille, pouvaient venir pêcher sur nos côtes, ce qui n'a disparu que par un traité de 1877. Mais, malgré le traité, les pêcheurs espagnols ne modifièrent pas leurs habitudes ; c'est donc dans le but de pouvoir sévir contre eux que le gouvernement français a fait voter la loi de 1888.

s'étend jusqu'à six milles. (D. 3 mai 1870 et D. du 20 juin 1852). En France, la loi du 27 mars 1817 autorise les douaniers à visiter les navires à 2 myriamètres, c'est-à-dire à onze milles de la côte.

La Grande-Bretagne (loi du 28 août 1833) fait visiter les navires jusqu'à douze mille des côtes quatre *leagues*. Après la sommation qui leur est faite, ils ont 48 heures pour se retirer ; s'ils n'obéissent pas, ils sont confisqués.

En ce qui concerne la police sanitaire, aucun règlement international n'a fixé à partir de quelle distance l'État riverain pourrait faire visiter les navires contaminés. Il en résulte que chaque gouvernement règle les quarantaines à sa convenance : Conférence à Paris, 1851-1852 ; à Paris, en 1859 ; à Constantinople, en 1866 ; à Vienne, en 1874. Une loi anglaise frappe d'une amende de 200 livres (5,000 fr.) le navire qui, venant d'un point contaminé, ne hisse pas le signal de quarantaine à une distance de 4 *leagues* (12 milles) de la côte.

Cette variation dans l'étendue de la mer territoriale se conçoit d'ailleurs aisément ; un Etat, en effet, n'a pas toujours intérêt à exercer son autorité à une distance identique pour tous les droits qu'il prétend sauvegarder.

Au point de vue militaire et douanier, par exemple, il aura certainement, dans la plupart des cas, intérêt à augmenter la largeur de sa mer territoriale. Pour la pêche, au contraire, surtout si ses rivages sont poissonneux, il se contentera d'une bande maritime réservée beaucoup plus étroite. Il laissera volontiers le petit bâtiment pêcheur d'une nation voisine s'approcher à 3 milles de ses côtes, tandis qu'il aura lieu de se préoccuper et de prendre ombrage si les bâtiments cuirassés de cette même nation venaient croiser régulièrement à une distance aussi peu éloignée de son territoire. Et au point de vue douanier également, on a intérêt à ne pas laisser s'approcher trop près des côtes des vaisseaux qui peuvent être chargés de contrebande.

Il semble donc qu'au lieu de chercher à établir une limite une et invariable, il serait plus naturel d'établir, pour l'étendue de la mer territoriale, une gradation suivant les droits qu'il s'agit de protéger.

L'exception la plus importante au principe, généralement admis de nos jours, des trois milles, est celle qui concerne la mer territoriale de Norwège. Les développements suivants, dont j'ai trouvé la source dans un article de M. Aubert, professeur à l'Université de Christiania, publié par la *Revue générale de Droit International*, ne laissent pas de doute à cet égard et sont significatifs.

Au surplus, cette exception s'explique par la situation spéciale de la Norvège au point de vue maritime. Son littoral mesure à peu près 2,635 kilomètres, sans tenir compte des anfractuosités. Sur deux millions d'habitants, 56,500 sont pêcheurs. L'exportation des poissons atteint 50 millions de francs. La flotte marchande est, quant au tonnage, la troisième du monde entier (1,750,000 tonnes). On peut dire que la pêche est l'industrie à peu près exclusive de la Norvège. Des règles spéciales devaient donc lui être appliquées.

Les règles propres à ce pays, en ce qui touche la mer territoriale, ont un certain intérêt pour le droit des gens. Au Moyen-Age, les rois de Danemarck et de Norvège ont prétendu avoir la souveraineté sur toute la mer placée entre ce pays et l'Islande, le Groënland et le pôle Nord.

Un rescrit du 26 juin 1661 revendique comme territoriale et neutre toute la mer séparant la Norvège méridionale du Jutland.

La règle actuellement admise en Norvège pour l'étendue de la mer territoriale date du milieu du XVIIIe siècle. Le rescrit royal du 18 juin 1745 interdit à tout corsaire étranger de capturer quelque navire que ce fût à une distance d'une lieue (*mil*) au moins des côtes norvégiennes et des hauts fonds et écueils qui les bordent. Le rescrit du 10 février 1747 consacre la même limite en ce qui concerne la pêche qui pourrait être permise aux étrangers. C'est la lieue marine ordinaire (4 milles) et non la lieue norvégienne de terre (6 milles ou 11 kilomètres). Cette question fut ainsi tranchée pendant la guerre de Sept ans, sur la demande de l'ambassadeur de France. Cette limite fut confirmée pendant la guerre de 1807 à 1813 par les règlements des 14 septembre 1807 et 28 mars 1810 et le décret royal du 24 février 1812.

En ce qui concerne les golfes et les baies, des règlements spéciaux furent nécessaires. Un privilège fut accordé aux nationaux en ce qui touche la pêche dans la mer riveraine. Il est, en quelque sorte, analogue aux droits des paysans voisins des communaux ou des forêts et pâturages de l'intérieur.

Depuis le peuplement des côtes et des îles, les habitants ont eu besoin de la mer avoisinante pour y trouver leur subsistance. Et comme les paysans des vallées ont occupé et utilisent les pâturages des hautes montagnes, les pêcheurs ont aussi, peu à peu, depuis les temps les plus reculés, pris en possession la mer riveraine, dans l'étendue qui leur a été nécessaire ou qui leur a été destinée par la nature du poisson, la profondeur de l'eau, etc.

C'est peut-être dans la sous-préfecture de Sændmære que l'on trouve l'exemple le plus éclatant de cette occupation. Les paysans demandèrent au gouvernemennt de protéger leurs lieux de pêche et leurs bateaux contre les navires étrangers. Le gouvernement répondit qu'au-dessus de leur droit naturel, il y avait le droit international ; aussi quelque large que puisse paraître la zone réservée, on a en réalité diminué l'étendue de mer réservée à la pêche nationale telle qu'elle avait été acquise par une prescription séculaire.

Le décret royal du 16 octobre 1869 ordonne qu'une ligne droite, tirée à une lieue géographique de distance de la ligne droite, déterminée par les roches et ilots de Storkolmen et de Svinæ et parallèlement à cette ligne, devra être considérée comme limite de l'espace de mer, au large de la côte correspondante de la sous-préfecture de Sandmære, sur lequel la pêche est exclusivement réservée aux habitants du pays.

En 1881, la même loi fut appliquée aux sous-préfectures voisines du Romsdal et du Nordmœre.

En Norvège, on a regardé les côtes des fjords comme continuées par la suite des îles et comme pouvant, par conséquent, à juste titre, être formées autant par des iles que par la terre ferme. Et on a compté la base de la mer territoriale, aussi bien à partir de l'ouverture de ces golfes, formés en tout ou en partie par des iles, que depuis celle des baies ou fjords ordinaires. La plus longue et la plus remarquable des baies, ainsi formées en partie par des iles, est celle de Vestfjord, dont un des côtés est la merveilleuse série d'iles, d'ailleurs très grandes, très hautes et assez bien peuplées, qui ont nom les Lofoden.

La baie de Varanger, dans le Finmark, près de la frontière russe, a fait l'objet d'un règlement spécial pour empêcher la destruction des baleines. La pêche en est interdite du 1er janvier à la fin de mai ; cette interdiction résulte d'une lettre patente royale du 5 janvier 1881 rendue en vertu d'une loi votée le 19 juin 1880 et renouvelée le 14 juin 1890.

En dehors de ces cas exceptionnels, nous avons déjà vu que la limite la plus généralement admise, dans les traités récents, pour l'étendue de la mer territoriale est fixée à 3 milles. Mais ces traités visent surtout la pêche et il ne faut pas conclure que cette limite est devenue la règle fondamentale du droit des nations dans la fixation des eaux territoriales. Si, à une certaine époque, la portée des canons n'excédait pas trois milles, il ne faut pas généraliser et conclure à une complète identification.

La règle des 3 milles n'est pas, à coup sûr, une règle générale obligatoire. Un Etat qui n'est pas lié par une convention ne saurait être contraint de l'observer et il peut fixer une limite plus étendue. Mais il faut reconnaître que cette mer territoriale, arbitrairement établie, ne pourrait être — dans l'état actuel des choses — que difficilement protégée, puisque toutes les autres nations qui ont réglé la question par des conventions, établissant ainsi la jurisprudence en la matière, ont fixé la limite de leur mer littorale à 3 milles.

Différentes tentatives ont été faites pour augmenter cette distance de 3 milles.

Dans une note du 16 octobre 1864, M. Seward, secrétaire d'Etat des Etats-Unis, s'est efforcé d'amener les Etats à conclure un règlement international sur les trois point suivants :

1° Faut-il étendre jusqu'à cinq milles la juridiction de l'Etat riverain aujourd'hui limitée à trois milles ?

2° Pour assurer le respect de la neutralité de la mer territoriale ne faut-il pas interdire les feux des batteries à une distance inférieure à 8 milles de la côte ?

3° Ne serait-il pas préférable de remplacer la portée du canon par une limite invariable et fixée en chiffres ?

Mais cette limite fixe ne se trouverait-elle pas, un jour ou l'autre, en désaccord avec la portée des nouveaux canons qui se perfectionnent sans cesse ?

Nous avons déjà signalé la décision votée par l'Institut de Droit international, dans sa session de Paris en 1894 : « La mer territoriale s'étend à six milles marins de la laisse de basse marée sur toute l'étendue des côtes. » M. de Martens, professeur à l'Université de Saint-Pétersbourg, avait proposé d'adopter comme limite des eaux territoriales la plus grande portée de canon et de la fixer à 10 milles. Mais on fit remarquer que passer tout d'un coup de 3 milles à 10 milles était un bond trop brusque, et, en second lieu, on fit ressortir la difficulté qu'éprouveraient les petites puissances à faire respecter leurs droits, elles qui ne disposent que de moyens limités de défense. Mrs Arthur Desjardins et Perels, directeur au ministère de la marine de l'Empire allemand, déposèrent, le 29 mars, un projet qui rallia la majorité des suffrages. Il admettait une extension purement facultative de la zone neutre au-delà de six milles en cas de guerre.

M. Godey croit (ouvrage cité, l. II, ch. 2, p. 55) qu'une des raisons qui ont poussé l'Institut de Droit international à proposer de porter l'étendue de la mer littorale de 3 milles à 6 milles était de permettre à l'Etat de réglementer la pêche dans toute cette étendue et d'empêcher ainsi la destruction du poisson. On conseillait même d'aller plus loin et d'établir deux zones de pêche : l'une de conservation, l'autre d'exploitation. (1)

(1) Il est intéressant de rappeler ici qu'il existe, en France, dans le décret sur la pêche du 10 mai 1862 (art. 2) une disposition indiquant

Il convient de signaler également une initiative récente du gouvernement hollandais au sujet de la fixation de la mer territoriale. La Convention de La Haye de 1882 l'avait limitée à 3 milles pour la pêche ; mais pour les cas de guerre, la Hollande étant neutre, aucune Convention ne fixe la distance à partir de laquelle les belligérants doivent s'abstenir d'hostilités. C'est surtout sur ce point spécial que portait la proposition faite aux puissances — d'une manière d'ailleurs très générale — par le gouvernement hollandais dans une note collective du mois de décembre 1895 ; ajoutons qu'en ce qui concerne la pêche, un élargissement de la mer territoriale ne pourrait qu'être favorable à la Hollande, ce pays ayant une étendue restreinte de côtes et un grand nombre de pêcheurs, ce qui rend la surveillance très facile.

Comme base des négociations à entamer, le gouvernement des Pays-Bas avait proposé « *la limite de six milles avec une étendue semblable comme zone neutre.* » La résolution de l'Institut de Droit international se trouvait ainsi profondément modifiée ; de *facultative* et *indéfinie* qu'elle était, la zone neutre devenait *obligatoire* et *uniforme*.

« L'adoption d'une telle règle, dit M. Godey, présente, à notre avis, certains inconvénients graves qu'il est bon de signaler. C'est une large bande de mer de plus de 22 kilomètres au large que les Etats neutres auraient ainsi à sur-

---

que la pêche peut être temporairement interdite sur une étendue de mer située au-delà de trois milles, si cette mesure est commandée par l'intérêt de la conservation des fonds. Cette mesure est intéressante uniquement au point de vue international ; elle nous évite théoriquement d'être engagé vis à-vis des nations étrangères en ce qui concerne la limite de trois milles ; dans la pratique, nous n'avons jamais essayé de faire un cantonnement de pêche au-delà de trois milles. Mais ce droit est absolument logique, car il est évident que nous ne pourrions pas accorder aux étrangers ce que nous interdirions à nos compatriotes.

veiller sur tout leur littoral en temps de guerre... L'espace de mer laissé libre aux belligérants, pour les évolutions de leurs flottes, dans nos mers resserrées d'Europe, se trouverait brusquement restreint hors de toute nécessité et, inévitablement, et presque à leur insu, les chefs d'escadre seraient amenés à violer une zone de neutralité si difficile à respecter. »

Nous n'avons pas lieu de croire, d'ailleurs, que ni la France, ni l'Angleterre soient disposées à entrer dans les vues de la Hollande. La France a refusé de donner suite à ses propositions en se plaçant au point de vue des deux intérêts : de la guerre et de la pêche.

Il est intéressant de faire remarquer que la distance de six milles proposée par l'Institut de Droit International et par le gouvernement hollandais est la même que celle suggérée par M. Godey. La véritable solution de la question serait peut-être, en effet, dans l'adoption de la thèse exposée, d'une façon si claire et si logique, par M. Paul Godey. Dans la Préface de son ouvrage, M. Jules Cadouat, professeur de Droit international public et privé à la Faculté de Caen, écrit cette phrase qui nous semble être la conclusion de ces développements : « La vue humaine fournirait un moyen de contrôle d'un emploi facile et à la disposition de tous les Etats ; en outre elle présenterait cet immense avantage de limiter les eaux territoriales à une étendue raisonnable et par là d'assurer mieux qu'aucune autre le principe de la liberté des mers et l'entière garantie des droits militaires ou pacifiques que chaque Etat est admis à exercer sur les flots. »

Il est donc reconnu par tous les auteurs et beaucoup de traités que les mers territoriales existent. Outre que cela est nécessaire, indispensable à la sûreté de l'Etat riverain, il arrive souvent que les rivages de la mer sont rocheux, accidentés, impropres aux cultures; les populations qui les habitent ont cependant droit à l'existence, c'est en pêchant qu'elles trouveront le moyen de vivre. La pêche doit donc leur être réservée. Enfin, certaines productions de la mer y sont parfois circonscrites et peuvent ainsi légitimement être l'objet d'un droit de propriété de la part des peuples riverains.

« De même, dit Azuni (1), que toutes les terres ne se couvrent pas des mêmes fruits, la mer n'offre pas en tous lieux les mêmes richesses. Les coraux, les perles, l'ambre, les thons et les baleines qui forment la classe des plus riches productions maritimes ne se trouvent ailleurs, ou du moins en plus grande quantité, que dans les mers Erythrée et de Sardaigne, de l'Orient, du Groënland et du Nord. Qui peut douter que la pêche des perles de Bahreïn, de Catifa (golfe Persique, côtes de l'Arabie Heureuse) et de Ceylan ne puisse tomber légitimement en la propriété de quelqu'un? C'est ainsi que la mer, sous le rapport de certaines productions, ne pouvant être d'un usage inépuisable, et les peuples à qui appartiennent les plages favorisées de ces richesses pouvant s'approprier un produit dont ils sont à portée de se rendre maîtres de la même manière qu'ils ont pu s'attribuer le domaine des terres qu'ils habitent, la raison veut que dans ce cas, la mer soit susceptible de devenir une propriété sans que ce domaine répugne aux principes du droit des gens universel, puisqu'il n'est qu'une suite du domaine territorial. »

Ces droits qui appartiennent à l'Etat riverain ne sont pas platoniques, il peut les faire respecter en établissant des

(1) Ouvrage cité, tome II, page 226.

batteries sur les côtes. Ces droits consistent à : 1° Réglementer la pêche côtière et le cabotage ; 2° Exercer la police de navigation, la police sanitaire, établir des droits de douanes ; 3° Exercer le droit de juridiction ; 4° Empêcher des actes d'hostilité ; 5° Régler le cérémonial maritime.

Comment va s'exercer et jusqu'où pourra aller cette souveraineté ? Sera-t-elle absolue ?

Bien que cette question ne rentre pas directement dans le cadre de notre étude, je crois nécessaire, pour éviter toute lacune, de la traiter rapidement.

La souveraineté territoriale implique l'appropriation. La nation pour exister, pour vivre, se développer, a besoin d'un territoire où elle exerce son *imperium*. Cet acte résulte de l'occupation matérielle du territoire, le fait doit être joint à l'intention, il faut une appropriation effective. Or, comment parler d'appropriation effective, quand il s'agit de la mer ? On peut s'approprier un territoire, une parcelle de terrain, en le labourant, en y plantant des bornes, en le limitant. Mais la mer qui est, par sa nature, essentiellement variable et mobile, comment pourra-t-on la délimiter ?

Bluntschli dit (1) : « On fait rentrer dans le territoire la partie de la mer sur laquelle l'Etat peut, de la côte, faire respecter son pouvoir, c'est-à-dire une bande de mer s'étendant jusqu'à portée de canon du rivage. » On a vu que c'est la solution qui est généralement consacrée par les auteurs.

Donc sur cette bande de la mer, l'Etat est souverain. Il a le droit de faire flotter son drapeau, de prohiber les actes d'hostilité ; mais la souveraineté implique l'exclusion des autres Etats ; cette exclusion, pour être légitime, doit être nécessaire et ne concerne que les choses épuisables ; il est évident que refuser aux navires étrangers le droit de cir-

(1) *Droit International codifié.*

culer pacifiquement dans les eaux territoriales serait créer, au profit de l'Etat riverain, un monopole illicite et abusif.

La citation suivante de Cousin nous parait résumer, d'une façon évidente et indiscutable, cette opinion : « La propriété est la conséquence nécessaire et la condition de la liberté. Mais la souveraine harmonie a placé hors de l'appréhension du domaine particulier les principales d'entre les choses sans la jouissance desquelles la vie deviendrait impossible à ceux qui s'en trouveraient exclus, si elles étaient appropriées ; c'est à ce titre que la vie internationale exige la liberté de navigation dans les eaux territoriales des Etats ». Locke a dit : Chacun doit posséder autant de biens qu'il lui en faut pour sa subsistance.

A l'exemple de Cousin, presque tous les auteurs ont déclaré que l'Etat ne possède pas sur sa mer territoriale, comme sur le territoire continental, un *dominium*, un droit de propriété, car l'usage pacifique de cette mer ne nuit pas au riverain et ce dernier ne saurait la réduire en sa possession matérielle.

Certains auteurs croient qu'il n'y a pas non plus *imperium* parce que la souveraineté est incomplète, limitée à la police et à la sûreté militaire. Il y aurait un droit *sui generis* déterminé et limité par le but même que doit rechercher l'Etat d'assurer la défense de son territoire et la sécurité de ses côtes et de garantir ses intérêts commerciaux et fiscaux.

Il semble tout d'abord que la question de la théorie du *dominium maris* puisse être immédiatement écartée. En effet elle permettrait à l'Etat riverain de prohiber la navigation, de prélever des droits de péage, d'exercer une juridiction absolue (voir Vattel, Wheaton, Hautefeuille, de Rayneval, Massé, Pradier-Fodéré, Fiore). Ceci est manifestement impossible.

Le débat cependant s'est engagé à ce sujet à l'Institut de Droit International, dans sa session de Paris en 1894, entre les partisans du *dominium* et les partisans de *l'imperium*. La commission, dans un but de conciliation, avait proposé la rédaction suivante : « L'Etat dont dépend la côte est *souverain* exclusif sur une zône de mer qui la baigne, sauf le droit de passage inoffensif, etc. » Le mot *exclusif* fut supprimé, et pour bien montrer qu'on éliminait la théorie du *dominium*, on remplaça, à la demande de MM. Lyon-Caen et Desjardins, les mots : « L'*Etat est souverain* » par ceux-ci : « L'*Etat a un droit de souveraineté* ». Il s'agit donc là, dans la pensée de la majorité, d'un pouvoir *sui generis* subordonné à la nature des choses (1).

Pour nous, nous croyons que l'*imperium* est un droit de commandement, un pouvoir conféré à un Etat pour garantir sa liberté, assurer sa sécurité. Il n'a pas de limites fixes et déterminées, elles sont toujours susceptibles d'extension ou de restriction. Nous pensons donc que l'Etat riverain possède l'*imperium* sur la mer territoriale.

Nous avons montré que le principe de la liberté en matière de pêche, qui existe en haute mer, s'arrête à l'endroit où commence, à proximité des continents, la mer territoriale des différents Etats. Il nous reste à examiner des cas particuliers dont quelques-uns ont soulevé des difficultés quant à la solution qu'il convient d'adopter à leur égard.

Quelle sera la situation des enfoncements de faible étendue que la mer creuse dans les terres et où les navires peuvent se mettre à l'abri des tempêtes, comme les ports, havres, rades, petites baies ? Ils sont susceptibles d'être pos-

---

(1) Voir *Revue Générale de Droit International Public* Tome 1, année 1894, page 223.

sédés par la nation riveraine et rentrent dans son domaine souverain. Ils font partie de son territoire proprement dit : c'est là ce qui les distingue de la mer territoriale. Une nation y interdira toujours la pêche, elle pourrait même interdire l'accès de ses ports ou assujettir les navires à tels droits qui lui plairaient. Mais cela se produira rarement, car, en agissant ainsi, l'Etat risquerait fort de détourner les navires de ses ports et de nuire à ses intérêts commerciaux. Cependant, le 8 juin 1877, la Porte avait notifié aux puissances que la baie de la Sude, en Crête, était interdite à certaines heures, des torpilles y ayant été placées.

Que décider pour les grandes baies et golfes ?

Ortolan (Dipl. de la mer, T. I, p. 145.) les assimile aux petites baies. Kent, publiciste américain, soutient également cette opinion. L'Angleterre et les Etats-Unis ont toujours déclaré que, quelle que soit l'étendue du golfe, c'était une mer territoriale ; par exemple, la baie de Delaware, le golfe du Mexique. La souveraineté des Etats-Unis s'étendrait ainsi à plus de 80 milles. C'est inadmissible. On admet généralement que les golfes ne dépassant pas en étendue la double portée du canon font partie de la mer territoriale.

La convention de Paris (2 août 1839) entre la France et la Grande-Bretagne, pour délimiter les pêcheries sur les côtes respectives des deux nations, fait dépendre de l'Etat riverain, en ce qui concerne le droit exclusif de pêche, les baies dont la profondeur n'excède pas dix milles.

L'art. 2 de la Convention de la Haye dit : « Pour les baies, le rayon de trois milles sera mesuré à partir d'une ligne droite tirée en travers de la baie, dans la partie la plus rapprochée de l'entrée au premier point dont l'ouverture n'excèdera pas dix milles. »

L'Office du commerce britannique (novembre 1868)

reconnaît aux pêcheurs anglais le droit exclusif de pêche lorsque les baies n'excèdent pas dix milles.

La loi française du 1er mars 1888 réserve le droit de pêche aux nationaux français dans toutes les baies dont la profondeur n'est pas supérieure à dix milles.

Dans sa session de Paris en 1894, l'Institut de Droit International adopta l'article suivant (art. 3.) proposé par la Commission : « Pour les baies, la mer territoriale suit les sinuosités de la côte sauf qu'elle est mesurée à partir d'une ligne droite tirée en travers de la baie dans la partie la plus rapprochée de l'ouverture vers la mer, où l'écart entre les deux côtes de la baie est de *dix* milles marins de longueur, à moins qu'un usage continu et séculaire n'ait consacré une largeur plus grande. »

M. Edouard Rolin fit remplacer *dix* par *douze*.

Une série de dispositions concernant le régime des détroits fut également adoptée, après une très brève discussion. — A propos de détroits, notons le cas spécial d'un détroit resserré faisant communiquer deux mers libres et dont les deux rives appartiennent au même Etat : c'est une mer territoriale. Si les deux rives appartiennent à deux Etats différents, ils doivent s'entendre pour fixer la ligne de démarcation de leurs eaux territoriales.

Il existe d'autres cas particuliers. Par exemple, le cas d'une mer enclavée. Si elle est comprise tout entière dans le territoire d'un même Etat, elle fait partie de cet Etat. La mer Morte fait certainement partie du territoire ottoman. Si, au contraire, la mer est enclavée dans le territoire de plusieurs Etats, les règles ordinaires relatives à la mer territoriale s'appliquent. Chaque Etat riverain exerce son *imperium* sur la partie de la mer qui baigne ses côtes. Cependant la mer Caspienne fait exception à cette règle, quoiqu'elle se trouve située sur les territoires de l'empire russe et de l'empire perse. J'emprunte à M. de Martens (1) les développements qui suivent sur le régime spécial dont jouit la mer Caspienne.

« Les mers entourées par les possessions territoriales d'un seul Etat et privées de toute communication avec l'Océan sont des mers fermées. Elles dépendent de l'Etat dont le territoire les entoure.

« D'après cette règle, la mer Morte appartient à l'empire ottoman. La mer Caspienne est également une mer fermée. Bien qu'elle baigne des rivages appartenant à la Russie et à la Perse, elle doit être considérée comme Russe, car dans le traité de Tourkmantchaï (1828) conclu entre la Russie et la Perse, le shah, afin de donner une marque particulière de respect à l'empereur de Russie, consentit (article 8) à lui céder le droit exclusif d'entretenir sur la mer Caspienne des navires de guerre tandis que cela n'est permis à aucune puissance. D'après ces dispositions, cette mer est soumise exclusivement aux lois et aux autorités russes. »

J'ai recherché quelle pouvait être la situation faite aux navires marchands et aux navires pêcheurs des deux puissances riveraines de la mer Caspienne. Voici, d'après Lesur (2), un extrait intéressant du traité de Tourkmantchaï qui renseigne du moins sur le premier point : « *Traité de paix*

---

(1) Extrait de son *Traité de Droit International*, traduit du russe par Alfred Léo — 3 volumes — Marescq aîné 1887 (Tome I, page 496).

(2) D'après Tétot (*Recueil des Traités de Paix*), le traité de Tourkmantchaï est inséré dans les recueils suivants :

De Martens : *Nouveau recueil*, VII, 564.

Lesur : *Annuaire historique universel 1828*, appendice, page 72.

State Papers : XV, 669.

Le public peut consulter ces ouvrages à la Bibliothèque du Ministère des affaires étrangères.

et d'amitié entre S. M. l'empereur de toutes les Russies et S. M. le shah de Perse..... Article 8 : Les bâtiments marchands russes jouiront, comme par le passé, du droit de naviguer librement sur la mer Caspienne et le long de ses côtes, et d'y aborder. Ils trouveront en Perse secours et assistance en cas de naufrage. Le même droit est accordé aux bâtiments marchands persans, de naviguer sur l'ancien pied, dans la mer Caspienne, et d'aborder aux rivages russes, où, en cas de naufrage, les Persans recevront réciproquement secours et assistance. » La fin de l'article consacre le privilège exclusif de la Russie d'entretenir des bâtiments de guerre sur la mer Caspienne. Mais le traité est muet sur la question de la pêche. D'après un renseignement, fourni à titre officieux à l'ambassade de Russie, la pêche serait exercée, en l'absence de texte précis à cet égard, par la Russie et la Perse. La pêche doit en effet suivre le sort de la navigation qui est commune.

CHAPITRE IV

Du rôle des Etats maritimes au point de vue de la pêche

Dans les développements qui précèdent, nous avons montré que si la liberté de navigation et de pêche est soumise, dans le voisinage des côtes des Etats maritimes, à certaines limites et restrictions, un fait est cependant aujourd'hui hors de doute : le droit de pêcher en pleine mer, c'est-à-dire dans la mer en dehors des eaux territoriales, appartient, en vertu du principe de la liberté de la mer, à toutes les nations. Aucun Etat ne peut édicter unilatéralement des règlements obligatoires en pleine mer pour d'autres que ses sujets. La mer est libre : *mare natura omnibus patet*.

Il n'existe donc sur la haute mer ni administration, ni juridiction, ni police territoriale. Les navires qui la sillonnent ne relèvent que de la loi de leur pavillon. Aucun Etat n'y peut exiger de péage. Le Sundzoll, perçu par le Danemark dès le Moyen-Age, a été racheté, en 1857, par les Etats maritimes européens pour le prix de 30,476,325 rixdales et par les Etats-Unis d'Amérique pour 716.829 rixdales (Traité de Copenhague du 14 mars 1857 ; traité de Washington du 28 septembre 1857.) Pour la France, ce droit s'est élevé à 40 paiements d'annuités semestrielles de 44,561 rixdales (1).

---

(1) *Bulletin des Lois*, pages 845 et 977.

La pêche dans le Sund, dit M. Rivier (1), et les détroits qui avoisinent le Jutland et les îles est maintenant absolument libre et permise à tous. Cette affirmation, qui semble impliquer que la liberté de la pêche dans ces parages date des traités de 1857, nous paraît un peu hardie. Il n'est pas question, en effet, de la pêche, dans ces deux traités ; il ne s'agit que du droit de passage dans le Sund et les Belts et des péages que comportait ce droit de passage. Nous pensons donc qu'on devait leur appliquer auparavant, au point de vue de la pêche, le régime habituel des détroits. Il se peut cependant que le Danemark fît rentrer le droit de pêche dans le droit général de souveraineté qu'il exerçait sur les détroits.

Mais cette liberté absolue, sans réglementation d'aucune sorte, ne serait-elle pas susceptible d'engendrer des abus et des conflits ? N'est-il pas indispensable d'assurer à ceux qui se livrent à l'industrie de la pêche une protection efficace ?

Les pêcheurs de toutes les nations étant libres de naviguer, sur la surface des mers, sont forcément exposés à se rencontrer dans certains parages, là où les poissons sont particulièrement abondants. Ce voisinage pouvant amener et faire surgir fréquemment des difficultés et même des luttes, il est manifeste que des règlements fixes, observés par tous, s'imposaient. C'est au droit de chaque nation, et aussi au droit international, qu'il faut les demander.

Déjà Louis XIV, dans son Ordonnance de 1681, avait compris que la pêche maritime devait être réglementée. L'art. 2 de l'ordonnance dit : « Nos sujets qui iront faire la pêche des morues, harengs et maquereaux sur les côtes d'Islande, d'Ecosse, d'Angleterre et de l'Amérique, et sur le

(1) Voir M. Rivier : *Programme d'un cours de droit des gens*. Section III, par. 17, page 60.

banc de Terre-Neuve, et généralement dans toutes les mers où elle se peut faire, seront tenus de prendre un congé de l'amiral pour chaque voyage. » Et Valin, dans son commentaire, en donne le véritable motif. « Par la raison, dit-il, que les côtes d'un territoire appartiennent au Souverain de ce même territoire, jusqu'à la distance ci-dessus marquée ou convenue par les traités, les sujets d'une puissance étrangère n'ont droit d'y aller pêcher qu'autant qu'ils sont autorisés par quelque convention arrêtée entre leur Souverain et celui du territoire. »

Il est bien certain que chaque Etat a une mission à remplir dans la police de l'exploitation de la mer. D'après M. Fournier (*Traité d'administration de la marine*, p. 299) elle peut se subdiviser ainsi :

1° *Maintenir l'ordre* dans cette exploitation commune, c'est-à-dire y assurer la sécurité des individus et empêcher que la force ou la fraude n'y prévale sur le bon droit.

2° *Empêcher la destruction du fonds de richesse* appartenant à tous, le défendre contre la rapacité individuelle.

3° Sous ces réserves, *protéger, encourager même, au besoin aider* les exploitants et provoquer leur initiative, afin que rien de ce qui peut être utilement récolté ne se perde, et que le personnel marin qui se consacre à cette industrie et qui forme un des éléments de notre puissance nationale, prenne tout le développement dont il est susceptible.

Voilà le triple but que poursuit le département de la marine, en matière de *Pêches*, soit qu'il prépare ou édicte des règlements d'exploitation, soit qu'il constate les infractions à ces règlements et en requière la répression, soit enfin qu'il fasse emploi de certains fonds budgétaires qui lui sont confiés en vue de ces intérêts.

Les décisions, prises par chaque Etat en faveur de ses pêcheurs nationaux, peuvent comprendre :

1° Des prescriptions destinées à éviter les collisions entre les bâtiments de pêche et celles entre les bâtiments de pêche et les autres navires. Pour l'Allemagne, l'article 2 de l'ordonnance impériale du 16 février 1881 dit : « Les bâtiments de pêche et autres bateaux non pontés sont tenus de porter un feu blanc et clair. Ils peuvent, en outre, se servir d'un feu flambant, *flying fire.* »

2° Des prohibitions tendant à prévenir tout trouble apporté à la pêche. Les pêcheurs ne doivent pas se nuire réciproquement, il leur est interdit de s'expulser mutuellement du territoire de la pêche, de jeter le trouble dans le travail d'autrui en usant de filets ou d'autres engins, d'user de moyens frauduleux pour accaparer les avantages.

3° Des avis concernant l'assistance à se prêter réciproquement en cas de danger de mer, d'échouement, de manque de provisions, de périls imminents à signaler, etc... Dès le XVIIe siècle, des règles détaillées à ce sujet ont été formulées pour le Groënland.

Nous avons dit qu'à côté du droit de chaque nation — et lorsque celui-ci devenait insuffisant — le droit international devait également intervenir dans la réglementation de la pêche. C'est ainsi qu'une question du plus grand intérêt, qui a souvent fait l'objet de discussions internationales, est celle qui concerne le sort, en temps de guerre, des bateaux pêcheurs se livrant à la pêche côtière. D'après Hautefeuille, l'interruption du commerce des belligérants par la prise de leurs navires est légitime, les traités consacrant le droit des belligérants de s'emparer des navires marchands de l'ennemi, de les confisquer et de retenir l'équipage prisonnier. Il ajoute cependant qu'il convient de faire remarquer que cette règle générale a reçu, dans quelques guerres, une exception importante : « Plusieurs traités, dit-il, (*Des droits et des devoirs des neutres en temps de guerre maritime*, T. II, p. 180) conclus entre les belligérants et pendant la guerre, ont mis en quelque sorte en dehors des hostilités les marins qui s'occupent de la pêche le long des côtes et les ont entourés d'une protection spéciale (1). Ces hommes et leurs légers bâtiments ne peuvent être enlevés par l'ennemi ; ils ont la liberté de continuer l'exercice de leur pénible industrie sans avoir rien à redouter des hostilités. On ne saurait trop approuver les conventions qui placent en dehors des actes toujours cruels de la guerre une classe d'hommes dont la vie n'est qu'une longue lutte contre les dangers de la mer. Mais ces traités, tous conclus seulement pour la durée des hostilités existantes, sont d'ailleurs en trop petit nombre pour pouvoir être regardés comme fondant une loi secondaire (2). Il serait à désirer que toutes les nations s'entendissent pour déclarer les trèves pêcheresses perpétuelles et obligatoires ; malheureusement il est difficile d'espérer que jamais les peuples parviennent à s'entendre à ce sujet et surtout que les belligérants respectent la foi jurée à leur ennemi. »

On peut dire que la France, en cette matière, a donné

(1) Ces traités appelés *trèves pêcheresses* étaient connus avant le XVIe siècle, ainsi qu'il est constaté par l'Ordonnance française de 1543. Elles étaient assez fréquentes alors. Elles cessèrent depuis d'être d'un usage aussi général ; cependant on en trouve encore un exemple dans les dernières guerres entre la France et l'Anglerre. Dans les mois de janvier et de juillet 1800, les deux puissances signèrent une convention de cette nature.

(2) En France, aux termes des Ordonnances anciennes, c'était à l'amiral qu'appartenait le droit de conclure les trèves pêcheresses. Voyez Ordonnances de 1543, art. 49 et de 1584, art. 79 et Valin, *Commentaire sur l'Ordonnance de 1681*, l. V, titre 1er.

l'exemple d'une pratique humaine dont l'origine semble remonter à Froissart (1). L'exemption de capture des bateaux pêcheurs était consacrée par le traité du 20 octobre 1521, entre Charles-Quint et François Ier, conclu à Calais, sous les auspices du Saint-Siège et de l'Angleterre, et par l'ordonnance de 1584 qui conférait à l'amiral le droit d'accorder des trêves pêcheresses. Sous Louis XIV et Louis XV on trouve ces mesures désavantageuses aux Français, dit Valin, et on y renonce.

La vieille tradition française fut reprise sous Louis XVI, au début de la guerre de l'Indépendance américaine. La lettre à l'amiral, du 5 juin 1779, ordonne de ne pas inquiéter les pêcheurs anglais. Un arrêt du Conseil du 6 novembre 1780 annule, sur une opposition formée par la Chambre de commerce de Dunkerque, une décision du Conseil des prises, du 10 mai 1780, qui avait validé la rançon du bateau pêcheur, le *Jean et Sara*.

Dans le même ordre d'idées, je citerai l'invalidation par le Conseil des prises de la saisie de la barque de pêche portugaise, la *Nossa Senhora da Piedade*, capturée par le corsaire français la *Carmagnole*.

Mais l'Angleterre, durant les guerres de la Révolution, ayant autorisé la capture des navires de pêche français, le Décret du 18 vendémiaire an II chargea le Conseil exécutif de réclamer les bateaux pêcheurs saisis par les Anglais et, en cas de refus, de prescrire des représailles. La France s'arrêta vite dans cette voie. Par arrêté du 27 thermidor an III, le Comité de Salut Public ordonna la mise en liberté des pêcheurs anglais faits prisonniers en exécution du

---

(1) Voir, de Boëck : *Propriété privée ennemie, sous pavillon ennemi*, p. 217 et Calvo : *Le Droit international théorique et pratique*, t. IV, p. 325.

Décret du 18 vendemiaire an II. Cette pratique fut admise sans interruption par la France.

L'Angleterre ne suivit pas notre exemple et, en 1854, lors de la guerre de Crimée, malgré son alliance avec la France et la Sardaigne, on a vu ses croiseurs dans la mer d'Azoff détruire les pêcheries, les filets, les instruments de pêche, les provisions, les bateaux et jusqu'aux cabanes des riverains.

Hautefeuille a raison quand il soutient que très peu de traités en due forme consacrent cette immunité généralement accordée aujourd'hui à la pêche côtière. On ne peut guère citer que le traité déjà signalé de 1521 et le traité de 1785 entre les Etats-Unis et la Prusse, dont l'article 23 défend de molester les pêcheurs. « La coutume, dit M. Ortolan (1), qui consacre cette immunité n'est pas tellement générale qu'on puisse la considérer comme faisant règle internationale absolue ; mais elle a été si souvent mise en pratique, elle s'accorde d'ailleurs si bien avec celle en usage dans les guerres sur terre à l'égard des paysans et des cultivateurs, auxquels les pêcheurs côtiers peuvent être assimilés, qu'il n'est pas douteux qu'elle doive continuer à être suivie dans les guerres maritimes à venir. L'industrie de la pêche côtière est entièrement pacifique et d'une importance, quant à la richesse nationale qu'elle peut produire, bien moins grande que celle du commerce maritime ou des grandes pêches. Paisibles et tout à fait inoffensifs, ceux qui l'exercent, parmi lesquels on voit souvent des femmes, peuvent être appelés moissonneurs des mers territoriales, puisqu'ils se bornent à en récolter les produits ; ce sont pour la plupart des familles

---

(1) *Ortolan*, 4e édition, t. II, l. III, ch. II, p. 51.

pauvres qui ne cherchent guère dans ce métier que le moyen de gagner leur vie. »

Mais l'immunité de la pêche côtière doit être limitée d'après les raisons mêmes qui la justifient. Il est bien évident que les raisons d'humanité et d'innocuité qui militent en sa faveur n'existent pas en faveur de la grande pêche telle que la pêche de la morue. Les navires adonnés à cette pêche, dit M. de Boëck, se livrent à de véritables opérations commerciales qui occupent un grand nombre de marins. Ces mêmes raisons cessent également d'être applicables aux bateaux pêcheurs employés dans un but militaire.

Dans un cas spécial, même en pleine mer, le bâtiment pêcheur pourrait ne pas être inquiété : c'est du moins ce que l'on pourrait conclure, de l'avis formulé par M. le procureur général Dupin. Dans un réquisitoire prononcé devant la chambre criminelle de la Cour de Cassation dans l'affaire du *Carlo Alberto*, ce magistrat a émis incidemment l'idée que le bâtiment refugié dans le rayon déterminé par la portée des canons d'un vaisseau neutre était à l'abri des poursuites de l'agresseur.

Une autre question qui intéresse la pêche, et qui ne pourrait être réglée que par une entente entre les États, a été récemment soulevée. Un officier de notre division navale à Terre-Neuve, M. le commandant Riondel a signalé les accidents qui surviennent fréquemment, surtout par les temps de brouillard, au passage des grands paquebots-poste qui relient New-York au continent européen. Par suite de leur vitesse très grande, qu'ils ne peuvent modérer en temps voulu, il leur arrive, en traversant les parages de Terre-Neuve, d'aborder et de broyer des barques de pêche. Le navire continue sa marche, le petit bâtiment pêcheur est englouti avec son équipage, et c'est tout. Le long martyrologe des expéditions de pêche se sera seulement augmenté en quelques secondes de noms nouveaux ; et il y aura quelque part, bien loin, sur une côte sauvage, quelques veuves, quelques orphelins de plus qui ne sauront jamais où ni comment ceux qu'ils pleurent ont disparu. Il y a là, en effèt quelque chose de particulièrement douloureux et attachant ; M. le commandant Riondel dit que le seul remède serait de modérer dans les parages de pêche la vitesse des paquebots et même de les obliger, par la neutralisation des bancs, à prendre une autre route. Il est bien évident que c'est au premier chef une question internationale qui ne pourrait être résolue que par l'entente de toutes les Compagnies de navigation. Celle qui s'aviserait de ralentir la marche de ses navires et de perdre plusieurs heures, en faisant un grand détour, dans un intérêt humanitaire, serait certaine de s'aliéner, au profit de la Compagnie rivale, tout le mouvement des passagers. — Je tiens à faire remarquer en passant l'impropriété de l'expression, neutralisation des bancs de Terre-Neuve. Il ne peut s'agir, dans cette question essentiellement humanitaire et pacifique, de la neutralité dans le sens habituel du mot.

Il serait à désirer cependant qu'une entente internationale ait lieu à ce sujet, et nous ne pouvons que souhaiter ardemment de voir couronnés de succès les efforts de M. le commandant Riondel (1).

« Mais les conditions de lutte commerciale à outrance,

---

(1) A l'appui de ce vœu formulé par M. le commandant Riondel, nous extrayons d'un très intéressant article de M. René Bazin, *Gens de Mer*, publié dans le *Figaro* du 29 juillet 1897, l'entrefilet suivant : « Depuis de longues années, des officiers de marine, des capitaines, des Chambres de commerce demandent que le banc de Terre-Neuve soit neutralisé, et que les nations intéressées conviennent d'interdire aux navires à vapeur, pendant la saison de pêche, le passage sur ces

dit M. Godey (ouvrage cité, p. 70), dans laquelle les nations sont engagées, laisse peu d'espoir de voir aboutir ce projet. Des règlements nationaux et internationaux ont cependant été rendus, qui tous ont pour but de diminuer les chances d'abordage. Nous citerons notamment le règlement anglo-français et le règlement français du 4 novembre 1879. A la date du 6 novembre 1879 le *Journal Officiel* constatait l'adhésion de toutes les puissances d'Europe, des Etats-Unis d'Amérique et du Chili. » De même, par suite d'un accord entre les principales compagnies de navigation (Imbart-Latour, *La Mer Territoriale,* p. 26), des routes *précises* pour l'aller et le retour des grandes lignes transatlantiques ont été établies sur les côtes de Chine.

Toutes les questions et conventions dont nous venons de parler visent des points spéciaux, des cas particuliers; mais il en est d'autres d'une portée plus large qui ont fait l'objet de véritables traités internationaux. Il existe certaines parties de la mer, proches des continents ou particulièrement fréquentées par les pêcheurs, où la liberté pleine et entière de la pêche ne saurait s'exercer sans danger. Souvent des conflits ont surgi entre les pêcheurs de différentes nationalités se prétendant lésés les uns les autres. Ces conflits, corollaires inséparables du principe de la liberté des mers, et qu'il est bien difficile de faire disparaître, ne sont pas tous terminés, — et de nouveaux peuvent

---

fonds où les petits bateaux de la flottille, mal surveillés ou cachés par la brume, sont abordés et coulés par les grands. Dans la seule campagne dernière, vingt-huit bateaux ont été ainsi coulés ou brisés. Ne peut-on rien faire? N'avons-nous pas une initiative à tenter, nous qui envoyons à Terre-Neuve, chaque printemps, plus d'hommes qu'aucun autre pays, beaucoup plus que l'Angleterre, tout occupée à commercer et un peu dédaigneuse de la pêche? »

d'ailleurs surgir fréquemment, — malgré les nombreuses conventions qui ont été signées entre les États dans le but de réglementer, dans certaines parties de la haute mer, certains actes de pêche.

Et ici, une distinction importante doit être signalée entre les *actes externes* et les *actes internes* d'un navire pêcheur.

Le navire de commerce constitue une individualité responsable; pour ses *actes internes*, il ne relève que du souverain et de la loi de son pavillon. Ce principe ne souffre exception que pour les faits, même d'ordre interne, commis dans un port étranger et ayant trait à l'ordre public et aux droits fiscaux ou d'ordre économique de ce pays.

En ce qui touche les *actes externes*, le navire relève dans les ports ou les mers territoriales, du moins en thèse générale, de la juridiction du souverain territorial. En pleine mer, comme il peut résulter des désaccords au sujet des répressions des actes externes, il a été, pour plusieurs points, conclu des Conventions entre les puissances dont les navires de commerce et de pêche peuvent se trouver exposés à lésion en mer de la part d'autres navires. Ces Conventions présentent une importance et un intérêt très considérables au point de vue de la pêche internationale. Nous les étudierons spécialement dans une seconde partie; les principales sont les suivantes :

1° Conventions du 2 août 1839 et de 1843 entre l'Angleterre et la France, au sujet de la pêche dans la Manche;

2° Conventions de 1868 et de 1874 entre l'Angleterre et l'Allemagne réglementant les droits des pêcheurs anglais le long des côtes de l'empire allemand;

3° Conventions internationales de La Haye, du 6 mai 1882 et de 1887, réglementant les pêcheries dans la mer du Nord;

4° Convention de Paris de 1884 pour la conservation des càbles sous-marins.

5° Convention du 7 décembre 1887, entre l'Autriche-Hongrie et l'Italie, relative à la pêche dans la mer Adriatique;

6° Convention commerciale signée à Tunis au sujet des pêcheries italiennes le 26 septembre 1896;

Ces Conventions sont précises et ne s'appliquent qu'aux faits d'ordre externe, qui présentent seuls un intérêt international suffisant pour légitimer une police internationale. Cette distinction est parfaitement établie dans le règlement du 23 juin 1843 rendu en vue de l'exécution de la Convention de 1839. L'art. 64 donne mission à tous les croiseurs indistinctement, pour constater les contraventions qui tiennent à l'action de pêcher, c'est-à-dire les actes externes. L'art. 63, au contraire, réserve aux croiseurs du pavillon la constatation des contraventions relatives aux mailles, aux poids des filets, à tout ce qui tient au matériel de la pêche, c'est-à-dire, en un mot, à tout ce qui est interne et peut comporter une visite.

Par exception, on a dans un cas, pour compléter la constatation des délits externes, autorisé la visite intérieure dans la mesure où elle était indispensable pour parvenir au but cherché. C'est le cas de l'art. 29 de l'Acte de 1882 qui tolère la visite intérieure lorsqu'elle est nécessaire pour relever les preuves d'un délit ou d'une contravention relative à la police de la pêche, (c'est-à-dire externe).

On peut finalement résumer de la façon suivante la distinction entre les actes internes et les actes externes :

En pleine mer, aucune compétence de l'autorité étrangère, quand il s'agit des faits *internes* du navire. Compétence du croiseur étranger, pour mettre en mouvement la justice du pays du pavillon contrevenant, pour les faits *externes*, quand ils touchent à un ordre de choses qui a fait l'objet d'une Convention internationale.

Le droit d'investigation du croiseur se borne, en général, à la simple vérification du pavillon ; dans un seul cas il y va jusqu'à la visite, c'est celui où il s'agit de compléter la constatation d'une des contraventions *externes* prévues par la Convention de 1882.

Toutes ces questions présentent un vif intérêt et une grande utilité pratique. Parmi les Conventions internationales déjà citées, celles qui contiennent à ce sujet le plus de renseignements et qui feront l'objet de notre étude spéciale sont les suivantes :

1° Convention de 1839 complétée par l'ordonnance royale de 1843 ;

2° Convention de La Haye (1882) complétée par celle de 1887 ;

3° Convention de Paris (1884) relative à la protection des câbles sous-marins ;

4° Convention franco-italienne du 26 septembre 1896, à propos de la régence de Tunis.

Enfin, un ouvrage sur la pêche serait manifestement incomplet, s'il ne traitait deux causes — les plus célèbres à coup sûr du droit international maritime — de la plus haute importance et de la portée la plus large. On peut dire qu'elles ont préoccupé vivement la diplomatie européenne tout entière par les questions nombreuses et inattendues, par les cas d'arbitrage intéressants auxquels elles ont donné naissance.

La première est l'affaire des pêcheries de Behring, aujourd'hui résolue — momentanément tout au moins — depuis la sentence du tribunal arbitral de Paris. La seconde, non encore terminée, ne se rattache pas directement à la pêche en haute mer, puisqu'elle a été soulevée dans les parages des côtes Est de l'Amérique du Nord, c'est la question de Terre-Neuve ; malgré cela, nous l'étudierons en raison de son objet — la pêche de la morue — qui rentre dans la pêche hautière, en raison de son importance historique et des points variés et instructifs de droit international qu'elle a touchés dans son long développement.

CHAPITRE V

Classification de la pêche (1). — Sa réglementation juridique

La pêche se divise en : petite pêche et grande pêche. On les appelle encore pêche côtière, pêche hautière, pêche non primée, pêche primée. — Bien que la pêche côtière reste en dehors du cadre immédiat de mon étude, je crois nécessaire, pour donner plus de clarté et plus de suite à mon sujet, d'en parler brièvement au début de ce chapitre.

1° PÊCHE COTIÈRE

En dehors des pêches de la baleine et de la morue, qui se pratiquent à peu près exclusivement au-delà des limites du cabotage, toute l'exploitation des espèces animales de la mer rentre dans le domaine de la pêche côtière. Celle-ci, malgré son appellation, n'a d'ailleurs pas de limites déterminées au large du littoral. Sur les côtes abruptes, à partir desquelles le sol plonge rapidement sous les eaux, la zone poissonneuse se réduit parfois à une largeur de deux kilomètres. Sur les côtes plates, au contraire, cette largeur devient considérable, et les pêcheurs côtiers étendent

(1) Voir Pierre Fournier : *Traité d'Administration de la Marine.*

parfois, avec profit, jusqu'à 20 kilomètres, leurs excursions habituelles. La surface de pêche exploitée par le travail journalier du pêcheur varie ainsi, dans ces deux cas extrêmes, par kilomètre de rivage, entre 200 et 2,000 hectares.

Quelques rivages, habités en permanence par des espèces variées d'animaux marins, sont aussi hantés périodiquement par des poissons voyageurs, tels que le hareng, dont les bancs nombreux apportent aux populations des moyens presque indéfinis d'alimentation. D'autres poissons émigrants fournissent ailleurs des ressources non moins précieuses. Les saumons, par exemple, vont chercher dans la mer le véritable milieu où ils se développent ; mais, après plusieurs années de croissance passées en haute mer, ils retournent, pour la reproduction, dans les eaux douces où ils sont nés. Ils remontent, en troupes immenses, vers la partie supérieure des fleuves, et, dans ce trajet, ils constituent une sorte de manne pour les contrées que ces fleuves traversent (1).

A l'intérieur, la pêche côtière s'étend jusqu'à la limite de l'inscription maritime. Dans tout cet espace la pêche est libre, mais elle assujettit à l'inscription maritime ceux qui s'y livrent en bateau.

Les principales pêches qui rentrent dans la dénomination générale de pêches côtières sont :

1° Les pêches du hareng, du maquereau, de la sardine, des huîtres ;

2° Les autres pêches du poisson frais, ou sans salaison à bord, comme les pêches aux cordes ou lignes de fond, à la seine, au bregin, au gangui, au tramail, au chalut.

---

(1) Voir Frédéric Le Play : *Les Ouvriers Européens*, 2e édition, t. I, ch. II, par. III, page 56.

La pêche du poisson frais se pratique presque toujours à la part. Le patron est généralement propriétaire du bateau, ce qui l'intéresse au bon entretien du meuble et du matériel de pêche.

Les actes principaux réglant l'exploitation de la pêche du poisson frais sont :

La loi du 9 janvier 1852, posant les principes et fixant les pénalités;

Les décrets du 4 juillet 1853, du 19 novembre 1859, du 10 mai 1862, du 20 novembre 1875, visant et réglant une série de points spéciaux;

La convention du 2 août 1839 avec l'Angleterre.

Un point important de la pêche côtière est ce qui touche les règles relatives à la conservation des fonds. Deux théories opposées existent. L'une repoussant comme inutile et sans objet la police de conservation des fonds. L'autre est celle de la réglementation rigoureuse.

Le dernier décret sur les pêches, celui du 10 mai 1862, tient un juste milieu entre ces deux systèmes l'un et l'autre trop absolus. Il est conçu dans l'esprit qui nous semble convenir à cette délicate matière. En principe, il autorise tous les modes de capture, sauf ceux, en très petit nombre, que l'opinion universelle a proclamés funestes (filets traînant sur les côtes, filets à poche à l'embouchure des rivières, etc.), mais il ouvre à l'autorité administrative le droit de porter des prohibitions plus étendues, ou de lever celles qui existent, toutes les fois qu'une expérience certaine aura démontré l'utilité de ces mesures.

Comme mesures d'encouragement, la pèche côtière jouit : 1° D'une *protection douanière* consistant en un droit qui frappe les importations de poisson étranger : 25 francs par 100 kilogrammes pour le poisson frais et de 20 à 60 francs pour le poisson conservé ; 2° D'une immunité du droit de consommation, et d'une réduction du droit d'entrée sur le sel qu'elle emploie à la mer ; 3° *D'une protection « sui generis »* contre l'industrie de pêche étrangère, dont les bateaux ne peuvent ni pêcher ni naviguer dans nos eaux, ni même, en ce qui concerne l'Angleterre, importer par eux-mêmes leurs produits dans nos ports.

Une des industries principales de la petite pêche est la pêche du hareng qui rentre dans la pêche côtière, tout en ayant lieu d'ordinaire à de grandes distances des côtes. Chaque année, vers le milieu du printemps, la *clupée-hareng* paraît en légions massives, longues parfois de plusieurs lieues, sur les côtes septentrionales de l'Europe et de l'Amérique.

Elle se montre d'abord, en Europe, dans les parages d'Islande et au milieu des archipels norvégiens. De juillet à octobre, elle descend vers les Orcades, et visite successivement tous les points de la côte d'Ecosse et d'Angleterre, pendant qu'une autre colonne, qui a suivi le littoral scandinave, s'engage dans les détroits danois et va se répandre dans la Baltique.

A partir du 15 octobre, les troupes harenguières se retrouvent dans les bancs de Flandre qu'elles ne tardent pas à quitter pour suivre leur invariable route le long de notre littoral de la Manche jusque vers l'embouchure de la Seine. De là, dit-on, le hareng remonte vers la côte anglaise, puis retourne à l'Est en suivant cette côte et va définitivement se perdre, de décembre à février, dans la mer du Nord.

Sur ce parcours, le flux harenguier est exploité sur une très large échelle par les Norvégiens, ensuite par les Anglais et les Hollandais, ces derniers particulièrement experts dans l'emploi des procédés de conservation ; enfin, mais dans une moindre proportion, par les Français qui y emploient environ 500 bateaux et un personnel de 6.000 hommes.

Les expéditions pour la pêche du hareng se font généralement à la part ; chaque homme fournit un lot de filets, qui gagne une part proportionnée à son importance.

L'industrie harenguière, en France, jouit depuis longtemps, comme les autres pêches, d'une protection douanière contre la concurrence extérieure et d'une immunité à peu près complète de droits sur le sel dont elle fait usage, à la condition, sanctionnée par des amendes importantes, de ne fournir que des produits de pêche exclusivement français. Depuis 1816, l'insuffisance des moyens de police et l'inapplication des mesures de répression avaient tellement facilité et encouragé la fraude, que celle-ci était, en réalité, devenue le régime normal de l'industrie harenguière. Des bateaux, armés fictivement pour la pêche du hareng, achetaient, soit dans les ports anglais ou hollandais, soit aux bateaux qu'ils rencontraient en mer, du poisson déjà salé, et l'introduisaient en France comme produit de pêche nationale. (V. Rapport du 28 mars 1852, p. 438.) La loi du 28 mars 1852 vint réprimer sévèrement ces abus. Ce qui reste aujourd'hui des mesures préventives de la fraude peut se résumer ainsi (voir Pierre Fournier) :

1° *Déclaration-engagement* comme pour la pêche à la morue. (D. 7 juin 1852, 651.)

2° *Vérification au départ et au retour*, par tous les moyens que la douane et la marine jugent utiles, de la sincérité de l'armement. (3 D. 24 sept. 1864, 206.)

3° *Tenue d'un livret de pêche* (6. 13. *ibid.*) qui doit être visé dans toutes les relâches (forme du livret, Circ. du 12 juillet 1878. 30).

4° *Rapport obligatoire dans les relâches.* (15. *ibid.*)

5° *Déclaration, justification, vérification,* contradictoires au retour (16 *id.*)

6° *L'armement doit être à la part.* (8 L. 28 mars 1852, 444.)

7° Le règlement des comptes doit se faire au bureau de l'inscription maritime.

8° *La sanction* varie suivant l'importance de la fraude.

9° *La police judiciaire* est exercée en mer, par les commandants croiseurs ; à terre, par les commissaires de l'inscription maritime, les inspecteurs de pêche, les gardes maritimes et les syndics des gens de mer.

10° *La juridiction compétente* pour l'application des peines est le tribunal correctionnel.

2° GRANDE PÊCHE OU PÊCHE HAUTIÈRE

La grande pêche se divisait autrefois en :

Pêche de la baleine (mers du Nord) ;

Pêche du cachalot (mers du Sud) ;

Pêche de la morue.

Pour les deux premières, la France a, depuis déjà plusieurs années, cessé ses armements. Cependant elles ont eu jadis trop d'importance pour que nous les passions complètement sous silence. Nous donnerons donc tout d'abord quelques explications rapides sur la façon dont elles se pratiquaient jadis ; nous aborderons ensuite la seule pêche en haute mer à laquelle se livrent encore les marins français, la pêche de la morue, et nous renvoyons à ce moment les explications relatives à la réglementation de la pêche hautière. Ce que nous allons dire, en effet, relativement aux pêches de la baleine et du cachalot, n'offrant plus qu'un intérêt purement historique.

PÊCHES DE LA BALEINE ET DU CACHALOT

Hautefeuille en parle en ces termes : « La pêche à la baleine peut se diviser en deux branches principales, eu égard aux parages dans lesquels elle se pratique, la pêche du Nord et la pêche du Sud. La pêche du Nord se fait dans le détroit de Davis, dans la baie de Baffin et sur les côtes du Groënland ; le poisson est rare et les baleiniers sont presque toujours forcés de s'élever au-delà du 60e degré de latitude. La saison de pêche ne dure que deux ou trois mois au plus. Cette navigation, au milieu des glaces et sur des mers incessamment tourmentées par des tempêtes, est des plus pénibles et des plus périlleuses. Le produit est la grande baleine ou baleine proprement dite, dont l'huile, très abondante, est la plus estimée après celle du cachalot.

« La pêche du Sud exige une navigation beaucoup plus longue, mais moins dure, moins périlleuse que celle du Nord. On y pêche le cachalot, une autre espèce de baleine plus petite que celle du Nord. C'est un véritable voyage de circumnavigation. Elle commence dans les mers d'Europe et au large du continent africain, se dirige vers le cap Horn, remonte le long des côtes du Chili et du Pérou jusque vers l'équateur, franchit l'Océan Pacifique vers les îles Mariannes, remonte au large des îles Bonin, se poursuit ensuite le long des côtes du Japon, et vient s'achever au Sud, vers la Nouvelle-Guinée, la Nouvelle-Zélande et les îles Salomon, et sur presque tous les points de la Polynésie. Cette navigation dure en général trente-six ou quarante mois.

« Outre les avantages qu'ils présentent comme école de marine pour la formation d'excellents matelots, les armements à la pêche de la baleine dans les mers du Sud, et surtout les cachalotiers, sont appelés à rendre de très grands services à notre commerce. Dans ces voyages, qui embrassent la plus grande partie des mers du monde, les navires expédiés à la pêche visitent presque toutes les terres et les îles les plus éloignées. Ils montrent le pavillon français à des peuples peu habitués à le voir, étudient la nature du commerce et des objets d'échange à porter dans ces régions à peine connues et ouvrent ainsi à notre industrie de nouveaux et importants débouchés. En même temps qu'ils signalent de nouvelles voies à nos expéditions commerciales, ils forment des capitaines qui, ayant déjà fréquenté ces parages, sont tout à la fois et plus disposés à entreprendre les voyages et plus aptes à les diriger. »

La pêche à la baleine et au cachalot ayant été absolument abandonnée par les pêcheurs français, le titre II du décret-loi du 22 juillet 1851 qui la réglementait a été abrogé lors du renouvellement de cette loi le 31 juillet 1890. Une des causes qui auraient amené, dit-on, la disparition de cette branche importante de la pêche maritime est la baisse considérable survenue dans les prix de vente de l'huile de la baleine depuis la généralisation du pétrole comme huile d'éclairage.

Cependant il pourrait se faire que l'industrie de la pêche à la baleine reprenne un regain de vie. En effet, la maison Boissière, du Havre, s'est vue concéder en 1894, pour une durée de cinquante ans, l'exploitation des iles Kerguelen, dans l'Océan Indien, où les baleines abondent. Peut-être cherchera-t-elle à en tirer profit et enverra-t-elle dans ces parages des barques armées pour la pêche ? (1)

(1) Le journal le *Tour du Monde* du 21 août 1897 a publié un intéressant et instructif article de M. E. Mercié, enseigne de vaisseau, sur

PÊCHE A LA MORUE. — RÉGLEMENTATION DE LA PÊCHE HAUTIÈRE

La pêche hautière était autrefois réglementée par le décret-loi du 22 juillet 1851 ; cette loi a été reproduite, mais en partie seulement, comme nous venons de le dire, par la loi du 31 juillet 1890.

La grande pêche se caractérise par la qualité du commandement et les primes. L'article 6 de la loi de 1851 visait les bâtiments pour l'Islande et instituait un brevet spécial pour les patrons d'Islande : des maîtres au cabotage et des capitaines au long cours peuvent commander ces bâtiments pêcheurs (1). A côté de l'industrie de la pêche existe en Islande et à Terre-Neuve l'industrie des bateaux transporteurs dits *bateaux chasseurs*, qui viennent au cours de la saison chercher les produits de pêche et les rapporter en France. Le commandement de ces bateaux, qui en somme sortent des limites du grand cabotage, doit être légalement confié à des capitaines au long cours; néanmoins, à défaut de capitaine au long cours se présentant pour faire ces naviga-

---

un voyage qu'il fit en 1893, à bord de l'*Eure*, aux Terres de Kerguelen.

(1) Il convient cependant de faire remarquer que des abus fâcheux ne sont pas sans se produire fréquemment en cette matière, et cela au détriment de la sécurité et du bon ordre dans les expéditions de pêche. De simples maîtres de pêche, qui n'ont même pas le brevet de cabotage, sont souvent chargés de commander les navires destinés à la grande pêche de Terre-Neuve et d'Islande.

Un autre abus que je signale en passant : pourquoi tolère-t-on que des transports terre-neuviers partent avec un nombre de passagers double de celui qu'ils devraient avoir ? Sans compter que la plupart du temps ces navires sont vieux et avariés, exposés par suite du manque de lest à chavirer en eau calme. (Voir *Figaro* du 29 juillet 1897, article de M. René Bazin. — Voir également un livre récent de M. Ch. Le Goffic, *Sur la Côte*, où il montre d'une façon saisissante toutes les souffrances endurées par les pêcheurs d'Islande et de Terre-Neuve.)

tions, des maîtres au cabotage peuvent être autorisés à commander des navires chasseurs pour l'Islande (1).

Commandement des Terre-Neuviens. — Pour Terre-Neuve, le commandement des bateaux pêcheurs et bateaux-chasseurs est confié indistinctement à des capitaines au long cours ; pour le *Dogger's-Bank*, les patrons qui se livrent à cette pêche sont de simples patrons pècheurs n'ayant subi aucun examen et n'étant soumis à aucun diplôme.

La pèche à la morue (2), la seule pêche hautière pour laquelle les pècheurs français arment encore, se fait : 1° sur les côtes de l'île de Terre-Neuve ; 2° aux îles St-Pierre et Miquelon ; 3° sur le grand banc de Terre-Neuve et les banquereaux environnants ; 4° dans les mers d'Islande ; 5° et sur le *Dogger's-Bank* dans la mer du Nord. La morue se prépare de deux manières différentes : elle est ou salée et ensuite séchée, ou salée seulement. La morue sèche est la plus recherchée, seule elle peut être exportée soit aux colonies, soit dans les pays étrangers. La morue salée, connue

---

(1) Comme complément à la note ci-dessus, je citerai, dans le même ordre d'idées et sur le même sujet, l'article de M. Paul Le Febvre, dans le *Moniteur Maritime* du 1er août 1897 : « L'industrie du transport des produits de pêche, dit-il, est du plus haut intérêt pour les armateurs de navires morutiers, et il importerait pour que la grande pèche française, naguère si prospère, ne periclitât pas, qu'elle eut à sa disposition, sur les points où elle opère, les moyens de transport les plus rapides. Il nous semble que le vieux voilier-chasseur d'autrefois, naviguant lentement avec un équipage réduit, est un outil d'un autre âge, qui doit fatalement disparaître bientôt des régions islandaises et terreneuviennes. Il faudrait que les pècheurs puissent trouver à embarquer leurs morues dans les fjords d'Islande, dans les havres de Terre-Neuve ou dans le port de Saint-Pierre, sur des navires à vapeur... Le meilleur moyen d'arrêter la dépréciation des produits français serait de transporter rapidement par vapeur les produits de pêche, afin que la préparation de la morue soit effectuée aussitôt que possible, après le moment où le poisson a été pêché. »

(2) Voir Hautefeuille : *Code de la Pêche maritime*, p. 28.

sous le nom de morue verte, n'est employée que pour la consommation intérieure. Les navires expédiés à la côte de Terre-Neuve et à St-Pierre et Miquelon, et les pêcheurs de ces deux îles, font sécher le poisson. Les armements au grand banc et dans les mers d'Islande préparent leurs produits en vert.

C'est à terre, et sur les rivages de l'île de Terre-Neuve ou de St-Pierre et Miquelon, que le poisson peut être séché. Dans la première de ces îles les équipages, aussitôt arrivés au lieu de pêche, descendent à terre et là, dans les nombreuses anfractuosités que présente la côte de Terre-Neuve, ils forment les établissements de sècherie construits en bois, appelés *chaufauds*. Quoique provisoires, ils ne sont pas détruits chaque année ; ils sont seulement abandonnés pendant l'hiver. Tous les jours, des chaloupes et bateaux sortent, montés par une partie de l'équipage, vont à la mer pêcher soit à la ligne, soit au filet. Chaque embarcation rapporte le poisson par elle pris aux chaufauds, où les autres hommes de l'équipage lui font subir toutes les préparations nécessaires. Les établissements de pêche, dans les deux petites îles françaises, sont permanents et habités toute l'année.

PÊCHES DANS LES MERS D'ISLANDE (1)

Cette branche de la pêche de la morue, précieuse pour l'Etat parce qu'elle forme des marins très habiles, se fait presque continuellement à la voile. Elle n'a donné lieu à aucun réglement particulier et, comme celle du grand banc, elle est soumise à toutes les lois générales qui régissent la navigation française au long cours, et aux

(1) Voir Hautefeuille, p. 411.

dispositions expliquées plus haut en ce qui touche le commandement des navires. Les produits de la pêche d'Islande sont ou préparés en vert, ou salés provisoirement à bord, puis versés dans les sècheries établies en France, où ils sont séchés.

Les équipages de la pêche à la morue sont intéressés au succès de l'expédition par le mode de détermination de leur salaire. A la pêche d'Islande, ils sont payés à la tâche, d'après la quantité de poisson rapportée ; à Terre-Neuve, ils sont participants aux bénéfices.

« Aujourd'hui, dit Hautefeuille, des trois peuples qui se livrent à la pêche de la morue dans les mers de l'Amérique du Nord (Français — Anglais — Américains), ce sont les Français, inventeurs et de la côte et même de la pêche, qui sont le plus mal partagés, soit à cause de l'absence de tout établissement fixe sur les lieux mêmes, soit par l'éloignement de leurs ports, soit enfin par la situation défavorable des côtes auxquelles est limité leur droit de pêche. »

Ces désavantages étaient de nature à enlever à la pêche française toute possibilité de lutter contre celles des Anglais et des Américains, et par conséquent à anéantir, ou du moins à diminuer beaucoup, nos armements. Le gouvernement, appréciant toute l'importance de cette navigation pour la formation des marins, et voulant contrebalancer autant que possible les inconvénients de notre situation, créa les primes, afin d'encourager les armateurs à tourner leurs efforts du côté de la pêche de la morue.

Les primes accordées à la pêche de la morue (V. Fournier, p. 224) sont de trois espèces. Elles ne sont accordées qu'à la condition expresse qu'il ne soit rapporté que des produits de pêche française et que les bâtiments pêcheurs ou chasseurs soient français. (Loi du 22 juillet 1851 ; D. 29 décembre 1851 ; renouvelés en dernier lieu par la loi du 31 juillet 1890.)

1° Primes d'armement, accordées une fois par saison de pêche, pour chaque inscrit définitif ou chaque inscrit provisoire de moins de 22 ans embarqué, les dites primes graduées de la manière suivante : 50 fr. pour la pêche d'Islande, et pour celle de Terre-Neuve avec sécherie, à la condition, pour cette dernière, que les bâtiments auront le minimum d'équipage fixé par le décret du 29 décembre 1851 ; mêmes conditions pour les goélettes expédiées de Saint-Pierre et Miquelon ; 30 fr. pour la pêche à Terre-Neuve sans sècherie ; 15 fr. pour la pêche au Dogger's Bank.

2° Primes au retour, sur les morues sèches exportées soit à l'étranger, soit aux colonies, et reconnues propres à la consommation au lieu de destination : 20, 16 ou 12 fr. par 100 kilog. suivant les cas. (V. art. 1 Loi de 1851.)

3° Primes à l'importation sur les rogues : 20 fr. par 100 kilog. L'importation n'est ainsi primée que pour les rogues réclamées par l'industrie de la pêche de la sardine ; en ce qui concerne le poisson, elle est suffisamment encouragée par la protection douanière : droit de 44 fr. par 100 kilogr. à l'importation sur la morue salée étrangère (L. 17 décembre 1814.) Outre les primes, la pêche de la morue jouit de plusieurs immunités qui sont de véritables encouragements ; les deux plus importantes sont : la franchise de tous les droits sur les sels nécessaires à la préparation du poisson, et celle des produits à l'entrée en France et aux colonies.

Dans le désir de satisfaire les réclamations formulées par

les armateurs, on est peut-être même allé un peu loin. Une ordonnance royale du 4 août 1819 rendait obligatoire l'embarquement d'un chirurgien lorsque l'équipage se composait de 40 hommes. Sur la plainte des armateurs, une décision ministérielle du 10 août 1840, renouvelée à chaque armement, a modifié ou plutôt anéanti l'art. 2 de cette ordonnance. Elle leur accorde la faculté d'embarquer comme chirurgien des individus non reçus officiers de santé. « Je reconnais (1) la nécessité de délivrer notre navigation des charges qui pèsent sur elle, surtout lorsque ces charges sont inutiles ; mais je ne puis admettre qu'une circulaire ou décision ministérielle, même quand son but serait bon, puisse anéantir une ordonnance royale. »

Les dispositions de la circulaire ont pour base un abus Les armateurs prétendent que la plupart des officiers de santé refusent d'embarquer pour la pêche. Le fait doit être vrai ; mais les armateurs en sont cause et ils ne l'ignorent pas. Ils veulent engager des chirurgiens et refusent de leur donner des salaires suffisants ; et ce qui est plus grave encore, malgré la défense expresse de l'article 20 de l'ordonnance de 1819, ils exigent qu'arrivé sur les lieux de pêche, l'officier de santé devienne un trancheur de morue. Avec ces deux conditions, il doit être bien difficile en effet de trouver des chirurgiens qui consentent à faire les campagnes de pêche.

Règles de police relatives à l'ordre et à la sécurité dans les expéditions de pêche à la morue. (Décret de 1852.)

Elles concernent principalement Terre-Neuve et ont trait à l'attribution des places. Nous reverrons du reste

(1) Voir Hautefeuille, pages 210 et 211.

tout à l'heure que leur effet est désastreux. Les différents hâvres (1) où l'on peut faire la pêche et sécher la morue sont divisés, à l'exception des baies communes, en places de pêche, qui sont classées en quatre séries:

Les places où peuvent opérer 15 chaloupes ou bateaux, et davantage ;

Celles qui ne peuvent en contenir que de 10 à 15 ;

Celles qui ne peuvent en contenir que 9 ou moins de 9;

Celles qui sont considérées comme inhabitables, et que l'on inscrit pour mémoire seulement au tableau général des places.

Tous les cinq ans, dans une assemblée des armateurs, tenue sous la présidence du chef de service de la marine à Saint-Servan, les trois premières séries de places sont réparties au sort, entre les négociants qui s'engagent à les faire occuper et désignent les navires qu'ils expédient dans ce but. Ces navires sont, d'après leur tonnage, divisés en trois classes correspondant aux trois séries d'emplacements; chaque classe comporte un minimum d'équipage. Le tirage se fait par classe de navires. A mesure qu'un nom de bâtiment sort de l'urne, son propriétaire choisit la place qui lui convient parmi celles qui sont encore libres. Au commencement de chaque année, un tirage partiel règle, en outre, l'attribution, jusqu'à la répartition générale, des places restées ou devenues vacantes.

Le concessionnaire reçoit un bulletin d'attribution, et prend possession, sur procès-verbal, de sa grave et des constructions et ustensiles (chaufauds, etc.) dont elle doit être pourvue. Il conserve et améliore cet outillage ; il en constate, par procès-verbal, le bon état, au terme de sa concession.

---

(1) Voir Fournier, page 20.

Un état général des places est publié. Les places non attribuées par suite du tirage sont affectées aux navires qui font la pêche du banc, avec sécherie ultérieure sur la côte. Il en est fait un tirage spécial.

La sanction pénale de l'attribution des places consiste dans une amende de 500 à 4,000 francs, suivant le tonnage du navire, laquelle est prononcée par le chef du service de Saint-Servan, avec faculté d'appel, de la part des condamnés, à des arbitres désignés par l'assemblée générale des armateurs. Si la décision des arbitres est conforme à celle du chef de service, elle est définitive ; dans le cas contraire, le ministre statue.

Ce régime, inauguré en 1852, avait produit des résultats déplorables. Il constituait une sorte de monopole en faveur de quelques riches armateurs, supprimait la concurrence et rendait absolument impossible tout progrès dans notre industrie de pêche.

Nous ne croyons pouvoir mieux faire que de citer ici l'extrait du rapport d'un officier de marine qui, en 1882, commandait la station de Terre-Neuve (1). Il analyse et résume cette question d'une façon très claire et montre, avec une logique irréfutable, les dangers du système alors en vigueur. « La commission, dit-il, des places de pêche sur la côte et le décret du 2 mars 1852 portant règlement sur la manière dont on doit en user, constituent un monopole écrasant en faveur d'une dizaine d'armateurs, seuls assez riches pour faire face à des armements qui exigent une grosse mise de fonds. Ce monopole est on ne peut plus nuisible aux intérêts de la France ; il écrase toute concurrence et condamne cette industrie à un état de stagnation facile à constater.

(1) Voir Archives du Ministere de la Marine.

« Le nombre des navires, selon la réussite des années précédentes, pourra varier entre 60 et 120 mais toujours pour retomber au plus bas de ces deux chiffres, tandis que notre côte réservée pourrait occuper facilement 4 ou 500 navires, et je ne serai pas le premier à signaler que le moyen, à la fois le plus pacifique et le plus efficace, de combattre l'envahissement des Anglais, serait l'occupation de tout le rivage par nos nationaux.

« Pour la jouissance de nos pêcheries nous avons le choix entre deux régimes : le premier consiste à suivre la voie actuelle, et dans ce cas, en échange de la garantie accordée aux armateurs du monopole qui laisse en tutelle le personnel qu'ils emploient et qu'ils exploitent d'une manière indigne, le Ministre de la Marine, tuteur naturel de la population maritime, doit prendre en main le sort de ses clients, et exiger la stricte exécution des règlements d'humanité sur les chirurgiens, la salubrité des logements, la bonne qualité des vivres, etc., etc.

« Le second, dont je n'hésite pas à me déclarer partisan, serait la liberté absolue, en ne réservant que le tirage au sort des places, dont il conviendrait de doubler au moins la période d'occupation ; car en examinant les archives de la station, j'ai vu que toutes les places se valent pour la réussite, chacune ayant à son tour l'avantage sur les autres. Une fois la police des hâvres assurée et l'époque des départs de France fixée, le reste du règlement devrait être abrogé.

« Je ne puis mettre en doute que les armements pour la côte augmenteraient dans de larges proportions le jour où la moindre goélette armée en commun par les plus petites bourses et montée par une douzaine d'hommes, pourrait venir s'installer à la côte, sans frais obligatoires d'aucune espèce, pour y sener, tendre des rêts, harouelles, et se servir de tous les engins de pêche bien connus des Anglais et au moyen desquels on fait d'abondantes récoltes de poissons. C'est ici le moment de dire que je repousse énergiquement la théorie du dépeuplement des fonds de pêche et que, dans mon opinion, on peut prendre autant de morue que l'on voudra, et par tous les moyens possibles, sans diminuer cette richesse.

« Avec l'établissement de la concurrence, le matelot recouvre ce droit de débattre avec son armateur les questions de salaire, de bien-être, de nourriture, de soins médicaux, etc., etc., et l'Etat se trouve en partie déchargé de la tutelle des équipages. La subdivision pourrait alors consacrer tous ses soins à la protection de nos droits. Je considère la liberté absolue de la pêche, comme le meilleur complément des mesures que je propose pour tenter de porter remède à une situation qui nous conduit fatalement, et à bref délai, à la perte de nos pêcheries de la côte.

« Depuis plus de 30 ans, à Terre-Neuve, nous vivons au jour le jour, ayant l'air d'avoir adopté pour tactique de prolonger le plus que nous pourrons l'agonie de nos privilèges. Si l'abandon de nos droits est chose acceptée à une échéance quelconque, il n'y a aucun inconvénient à continuer ce que nous faisons, cette échéance ne se fera pas beaucoup attendre. Si au contraire nous voulons maintenir notre propriété, l'envahissement marche à grands pas et, notre situation étant aussi mauvaise que possible, je ne vois pas ce qui pourrait nous arrêter dans l'essai d'une contre-méthode. »

Ce document était probant et ne permettait guère de se faire d'illusion sur l'avenir de nos pêcheries, si les choses restaient dans l'état. Il était d'ailleurs corroboré par une lettre antérieure, conçue dans un esprit absolument semblable, de l'amiral de Surville, commandant en chef la division navale des Antilles et de Terre-Neuve,du 15 octobre 1872. (Archives de la marine).

Cette situation préoccupait vivement les armateurs français pour la pêche de Terre Neuve. A la suite de vœux par eux exprimés dans une assemblée générale, un projet de décret, rédigé par le Ministre de la Marine, amiral Lefèvre, fut soumis au Président de la République et signé par M. Carnot le 17 février 1894. Les prescriptions nouvelles de ce décret et les tempéraments apportés dans l'application pratique ont considérablement allégé les charges imposées aux armateurs Terre-Neuviens par la réglementation de 1852.

Nous empruntons le passage suivant au Rapport, adressé en même temps que le projet de Décret, au Président de la République par le Ministre de la Marine et qui fait connaître dans quel esprit a été conçu le nouveau Décret.

« Ce projet de Décret qui a été établi à la suite de vœux exprimés par l'assemblée des armateurs pour la pêche de Terre-Neuve, réunis chaque année à Saint-Servan, tient non seulement compte des *desiderata* des intéressés, mais aussi de considérations que l'Administration a pu dégager de la longue application du décret du 2 mars 1852 qui avait jusqu'ici réglementé la matière.

« Il a paru notamment nécessaire de rendre moins étroites que par le passé les obligations auxquelles doivent être soumis les armements nationaux pour la côte de Terre-Neuve, en simplifiant, dans une large mesure, les conditions imposées naguère aux bâtiments concessionnaires des places sur les deux côtes de l'ile et en supprimant toute entrave, sans toutefois préjudicier aux droits des concessionnaires, à la pêche pratiquée dans les baies par les navires non titulaires de places. Dans le nouveau décret seront, en outre, incorporées diverses dispositions qui avaient fait précédemment l'objet de dépêches ministérielles et qu'il n'était pas sans intérêt de consacrer par un acte d'une portée plus grande. Telles sont les mesures qui ont organisé sur de nouvelles bases le service de santé des bâtiments expédiés à la côte de Terre-Neuve et les conditions d'occupation spéciales à la place de l'île Rouge.

« Le décret groupe, suivant un ordre plus méthodique, les dispositions qui se trouvent maintenues du texte de 1852 dont la consultation était rendue difficile par le classement peu logique des divers articles.

Deuxième Partie

La Réglementation internationale de la Pêche maritime

Après avoir traité d'abord de la pêche en général, puis d'une façon plus spéciale de la pêche en haute mer ou pêche maritime, notre but, en abordant cette seconde partie de notre travail, serait de justifier la seconde partie du titre lui-même. Nous voudrions montrer dans quels cas la pêche maritime a soulevé des questions de droit international e exposer, du moins dans leurs grandes lignes, les conventions, traités, arbitrages, auxquels elle a donné naissance.

Nous avons déjà posé en principe, en parlant de la liberté de la pêche, la nécessité d'une réglementation internationale de la pêche. Nous avons même dit dans quels cas cette réglementation doit exister et sur quelles bases elle doit reposer. Nous ne reviendrons pas sur ces questions en quelque sorte théoriques et de principes, mais, entrant tout de suite dans le domaine de la pratique, nous allons étudier les traités eux-mêmes qui ont tranché ou tenté de trancher des difficultés internationales, et faire l'historique des principaux différends qui ont occupé les diplomates et l'opinion publique en matière de pêche.

CHAPITRE PREMIER

Convention du 2 Août 1839

Règlement et Loi concernant les pêcheries dans les mers situées entre les côtes de France et celles de la Grande-Bretagne.

Par suite de la situation spéciale de la mer qui sépare le continent européen de l'île de la Grande-Bretagne, par suite également de la possession par l'Angleterre des îles anglo-normandes de Jersey, Guernesey, etc., situées à l'ouest du Cotentin, des conflits incessants s'élevaient dans la Manche entre les pêcheurs français et les pêcheurs anglais.

Pour mettre fin à cette situation fâcheuse pour les deux nations, la France et l'Angleterre résolurent, dans le courant de l'année 1837, de nommer une Commission mixte pour déterminer les limites en dedans desquelles les sujets des pays respectifs pourront librement exercer la pêche des huîtres, entre l'île de Jersey et les côtes avoisinantes de France. Après être tombés d'accord sur ce point spécial, les deux gouvernements nommèrent des plénipotentiaires, le maréchal Jean de Dieu Soult, duc de Dalmatie, pour la France, et le comte Granville pour l'Angleterre, chargés de déterminer les limites en dedans desquelles le droit général de pêche sur toutes les parties des côtes des deux pays serait exclusivement réservé aux sujets respectifs de la France et de la Grande-Bretagne.

Par une ordonnance rendue au château d'Eu, le 27 août 1839, le roi Louis-Philippe prescrivait la publication de la Convention conclue à Paris le 2 août 1839 entre la France et la Grande-Bretagne, pour la délimitation des pêcheries sur les côtes respectives des deux pays.

En outre des points spéciaux qui faisaient l'objet de la Convention, nous y trouvons plusieurs idées d'ordre plus général qui sont intéressantes à signaler parce qu'elles ont été admises depuis par presque toutes les nations, implicitement ou formellement, dans les traités et conventions. Tel est le cas de l'étendue de la mer territoriale.

L'article 9 porte : « Les sujets de Sa Majesté le roi des Français jouiront du droit exclusif de pêche dans le rayon de trois milles, à partir de la laisse de basse mer, le long de toute l'étendue des côtes de France, et les sujets de Sa Majesté Britannique jouiront du droit exclusif de pêche dans un rayon de trois milles de la laisse de basse mer, le long de toute l'étendue des côtes des Iles Britanniques.

« Il est entendu que le rayon de trois milles, fixant la limite générale du droit exclusif de pêche sur les côtes des deux pays, sera mesuré, pour les baies dont l'ouverture n'excèdera pas dix milles, à partir d'une ligne droite allant d'un cap à l'autre. »

La Convention de 1839 a donc sanctionné formellement les principes que nous avons signalés lorsque nous avons parlé de la mer territoriale. Il y a cependant une dérogation en ce qui concerne la pêche des huitres. Pour cette pêche spéciale, il a été fixé une délimitation spéciale qui ne correspond pas à la distance de trois milles du côté de la France.

Un règlement fait à Londres le 24 mai 1843, et rendu exécutoire en France par ordonnance royale du 27 juin 1846, confirme les principes posés par la convention de 1839 et tranche plusieurs points également intéressants au sujet de la pêche maritime, en ce qui touche surtout les formalités et les précautions que doivent observer les bateaux de pêche : numéros, noms, lettres, rôles d'équipage, dimension et maille des filets.

Des raisons d'humanité ont fait apporter des tempéraments à la règle d'après laquelle les bateaux anglais ne peuvent approcher de plus de trois milles des côtes françaises ; elles visent spécialement le droit de relâche dans les îles Chausey.

L'art. 78 porte : « La relâche dans les îles Chausey des bateaux britanniques faisant la pêche des huîtres est réglementée par les articles qui suivent. » Ces articles fixent les conditions exigées pour justifier cette exception : mauvais temps, avaries, autorisation du commandant de la station anglaise.

Des exceptions plus étendues en faveur des pêcheurs des deux nations sont consacrées par l'art. 85. Il est intéressant à signaler parce qu'il pose des principes d'une portée générale.

Art. 85 : « Les bateaux de pêche de l'un des deux pays n'approcheront d'aucune partie des côtes de l'autre pays, plus près que la limite de trois milles spécifiée dans l'art. 9 de la convention signée à Paris le 2 août 1839, excepté dans les circonstances suivantes :

« 1° Quand, pour cause de mauvais temps, ou en raison d'avaries manifestes, ils seront forcés de chercher un abri dans les ports ou en dedans des limites de pêche de l'autre pays ;

« 2° Quand ils seront portés en dedans des limites établies pour la pêche de l'autre pays, par les vents contraires, par de forts courants, ou par toute autre cause indépendante de la volonté du patron et de l'équipage;

« 3° Quand ils seront obligés de louvoyer, à cause du vent contraire ou de la marée contraire, pour arriver au lieu où ils vont exécuter leur pêche, et quand, par suite de la même cause de vent ou de marée contraire, ils ne pourraient, en restant au large, continuer leur route pour se rendre au dit lieu de pêche;

« 4° Quand, pendant la saison de la pêche du hareng, il conviendra aux bateaux harengaiers de l'un des deux pays de mouiller à l'abri des côtes de l'autre pays, afin d'attendre une occasion favorable pour procéder à leur pêche légitime en dehors des limites définies par l'art. 9 de la convention du 2 août 1839. »

Enfin, une loi du 23 mars 1846 fut rendue relativement à la répression des infractions au règlement du 24 mai 1843.

La Convention de 1839 avait délimité les points de la Manche où les sujets anglais et français pouvaient respectivement exercer la pêche soit en commun, soit exclusivement en ce qui concerne les pêcheurs de chaque nation.

Le règlement de 1843 est un règlement international qui complète la Convention de 1839 et qui contient une série de dispositions relatives aux devoirs et obligations des pêcheurs des deux pays dans les mers visées par ladite Convention (obligation pour les bateaux de porter des marques et des numéros permettant de les reconnaître, dispositions sur les rôles d'équipage français et les congés de douane anglais, etc., etc.). Ce règlement fixe également les pénalités que peuvent encourir les délinquants français ou anglais pour les infractions commises par eux à la Convention de 1839 et au règlement.

La loi de 1846 était indispensable. La Convention de

1839 et le règlement de 1843 avaient été promulgués par des ordonnances royales ; les pénalités prévues par le règlement de 1843 ne pouvaient donc être rendues applicables aux citoyens français que par un texte législatif. La loi de 1846 fixe également la compétence des tribunaux correctionnels en matière de délits ou d'infractions à la Convention de 1839 et au règlement de 1843.

CHAPITRE II

Conventions internationales de La Haye

6 mai 1882, — 16 novembre 1887.

La Convention internationale de La Haye du 6 mai 1882 est un document d'une valeur exceptionnelle, par lui-même d'abord, et par suite du nombre et de l'importance des Etats qui l'ont signée. Etaient représentés : la France, l'empire d'Allemagne, la Belgique, le Danemark, la Grande-Bretagne, les Pays-Bas. Elle a eu pour but de régler la police de la pêche dans la mer du Nord, en dehors des eaux territoriales de chaque Etat riverain.

En exécution de l'art. 35 de la Convention, chaque puissance signataire a publié une loi spéciale destinée à rendre la convention internationale applicable à ses nationaux respectifs. En France, deux lois distinctes ont été rendues : l'une pour autoriser la ratification ; l'autre, en vingt-quatre articles, pour assurer l'exécution même de la Convention, déterminer les peines, les tribunaux compétents, l'autorité des procès-verbaux, les actions civiles en dommages-intérêts : toutes choses qui ne pouvaient être réglées par la Convention.

Les lois rendues par les différents Etats signataires sont les suivantes :

1° Lois promulguées le 15 janvier et le 5 avril 1884 par la République française.

2° Loi promulguée le 30 avril 1884 par l'empire d'Allemagne.

3° Lois promulguées les 6 et 8 janvier 1884 par le royaume de Belgique.

4° Loi promulguée le 29 mars 1884 par le royaume de Danemark.

5° Loi promulguée le 2 août 1883 par le Royaume-Uni de Grande-Bretagne et d'Irlande.

6° Loi promulguée le 7 décembre 1883 par le royaume des Pays-Bas.

On peut en quelque sorte diviser la Convention de La Haye en deux parties bien distinctes. L'une a trait aux rapports des bâtiments de pèche avec leurs gouvernements respectifs, l'autre aux rapports des différents bâtiments de pêche entre eux. La Convention de 1882 a édicté certaines règles que les puissances signataires se sont engagées à faire respecter, au moyen de lois spéciales, par les bâtiments de leur nationalité. D'autres prescriptions, au contraire, s'appliquent à réglementer les rapports qui existeront entre tous les bâtiments des nations riveraines de la mer du Nord.

L'article 2 sanctionne d'abord les principes que nous avons posés au chapitre III de la première partie, relativement à la mer territoriale.

« Les pêcheurs nationaux jouiront du droit exclusif de pêche dans le rayon de trois milles, à partir de la laisse de basse mer, le long de toute l'étendue des côtes de leurs pays respectifs, ainsi que des îles et des bancs qui en dépendent. Pour les baies, le rayon de trois milles sera mesuré à partir d'une ligne droite, tirée en travers de la baie, dans la partie la plus rapprochée de l'entrée, au premier point où l'ouverture n'excèdera pas dix milles. Le présent article ne porte aucune atteinte à la libre circulation reconnue aux bateaux de pêche, naviguant ou mouillant dans les eaux territoriales, à la charge par eux de se conformer aux règles spéciales de police édictées par les puissances riveraines. »

L'article 4 détermine les limites de la mer du Nord, en dehors des eaux territoriales.

Tous les articles suivants réglementent la pêche dans ces limites, au large des eaux territoriales. Des mesures sont prises pour que l'identité des bâtiments de pêche puisse toujours être constatée.

Art. 5. — « Les bateaux de pêche des Hautes Parties contractantes sont enregistrés d'après les règlements administratifs des différents pays. Pour chaque port, il y a une série continue de numeros précédés d'une ou plusieurs lettres initiales indiquées par l'autorité supérieure compétente.

« Chaque gouvernement établira un tableau portant indication des dites lettres initiales. Ce tableau, ainsi que toutes les modifications qui pourraient y être ultérieurement apportées, devront être notifiés aux autres puissances contractantes. »

Art. 6. — « Les bateaux de pêche portent la lettre ou les lettres initiales de leur port d'attache et le numéro d'enregistrement dans la série des numéros de ce port. »

Les articles qui suivent (art. 7, 8, 9, 10, 11) visent les détails d'application de ces règles ; ils ont pour but de faciliter la constatation de la nationalité du navire. La question de la nationalité des bateaux de pêche est une de celles qui ont le plus vivement préoccupé les arbitres.

Art. 12.—« Le patron de chaque bateau doit être porteur d'une pièce officielle, dressée par les autorités compétentes de son pays, qui lui permette de justifier de la nationalité du bateau. Ce document indique obligatoirement la lettre ou les lettres et le numéro du bateau, ainsi que sa description et le nom ou les noms, ou la raison sociale de son propriétaire. »

Art. 13. — « Il est défendu de dissimuler, par un moyen quelconque, la nationalité du bateau. »

Puis viennent les règles concernant les rapports qui se créent entre les navires une fois qu'ils sont arrivés sur les lieux de pêche :

Art. 14. — « Il est défendu à tout bateau de pêche de mouiller, entre le lever et le coucher du soleil, dans les parages où se trouvent établis des pêcheurs aux filets dérivants. Toutefois, cette défense ne s'applique pas à des mouillages qui auraient lieu par suite d'accidents ou de toute autre circonstance de force majeure. »

Art. 15. — « Il est défendu aux bateaux arrivant sur les lieux de pêche de se placer ou de jeter leurs filets de manière à se nuire réciproquement ou à gêner les pêcheurs qui ont déjà commencé leurs opérations. »

Une série d'articles (art. 16 à 24) règle minutieusement des questions de détail relatives au mode de pêche, ainsi qu'à la fabrication des engins, et qui sont de nature à se présenter fréquemment.

L'article 25 est intéressant. Dans un but humanitaire, il réglemente la façon dont les bateaux pêcheurs de différentes nationalités peuvent se venir en aide réciproquement. « Tout bateau de pêche, dit-il, tout canot, tout objet d'armement ou de gréement de bateau de pêche, tout filet, ligne, bouée, flotte ou instrument quelconque de pêche, marqué ou non marqué, qui aura été trouvé ou recueilli en mer, doit, aussitôt que possible, être remis aux autorités compétentes, dans le premier port de retour ou de relâche du bateau sauveteur.

« Ces autorités informent les consuls ou agents consulaires de la nation du bateau sauveteur et de celle du propriétaire des objets trouvés. Elles rendent ces objets aux propriétaires ou à leurs représentants, dès qu'ils ont été réclamés et que les droits des sauveteurs sont dûment garantis.

« Les autorités administratives ou judiciaires, selon la législation des différents pays, fixent l'indemnité que les propriétaires doivent payer aux sauveteurs.

« Il demeure entendu que cette disposition ne porte aucune atteinte aux conventions déjà en vigueur sur cette matière, et que les Hautes Parties contractantes se réservent la faculté de régler entre elles, par des arrangements spéciaux, le montant d'une allocation fixe à allouer par filet retrouvé. — Les engins de pêche de toute nature trouvés sans marques sont considérés comme épaves. »

Les articles qui suivent sont, à coup sûr, les plus importants au point de vue du droit international et pour la question qui nous intéresse ; ils touchent la manière dont seront exercées la surveillance et la répression des délits.

Art. 26. — « La surveillance de la pêche sera exercée par des bâtiments de la marine militaire des Hautes Parties contractantes ; en ce qui concerne la Belgique, ces bâtiments pourront être des navires de l'Etat, commandés par des capitaines commissionnés. »

La distinction entre les faits internes et les faits externes est nettement établie. La surveillance des premiers, dans le but d'éviter une immixtion trop grave des autorités étrangères, est réservée aux bâtiments croiseurs de la nation du bateau pêcheur, alors même qu'ils pourraient intéresser les voisins, comme par exemple la détention d'engins prohibés.

Art. 27.—« L'exécution des règles qui concernent le document justificatif de la nationalité, la marque et le numérotage des bateaux,etc.,et des engins de pêche, ainsi que la présence à bord des instruments prohibés (art. 6, 7, 8, 9, 10, 11, 12, 13 et 23, § 2), est placée sous la surveillance exclusive des bâtiments croiseurs de la nation du bateau pêcheur.

« Toutefois, les commandants des bâtiments croiseurs se signaleront mutuellement les infractions aux dites règles commises par les pêcheurs d'une autre nation. »

Mais pour les faits externes se rapportant aux opérations de pêche, la compétence des bâtiments croiseurs de toutes les Hautes Parties contractantes est admise.

Art. 28. — « Les bâtiments croiseurs de toutes les Hautes Parties contractantes sont compétents pour constater toutes les infractions aux règles prescrites par la présente convention, autres que celles indiquées dans l'article 27, et tous les délits se rapportant aux opérations de pêche, quelle que soit d'ailleurs la nation à laquelle appartiennent les pêcheurs qui commettent ces infractions. »

Les articles 29 et 30 fixent très minutieusement la manière dont les délits seront constatés, jusqu'à quel point les bâtiments croiseurs pourront pousser leurs investigations.

Art. 29. — « Lorsque les commandants des bâtiments croiseurs ont lieu de croire qu'une infraction aux mesures prévues par la présente Convention a été commise, ils peuvent exiger du patron du bateau auquel une contravention est ainsi imputée, d'exhiber la pièce officielle justifiant de sa nationalité. Mention sommaire de cette exhibition est faite immédiatement sur la pièce produite.

« Les commandants des bâtiments croiseurs ne peuvent pousser plus loin leur visite ou leur recherche à bord d'un bateau pêcheur qui n'appartient pas à leur nationalité, à moins, toutefois, que cela ne soit nécessaire pour relever les preuves d'un délit ou d'une contravention relative à la police de la pêche. »

Ainsi donc le principe général est que le commandant d'un croiseur ne peut pas visiter un bâtiment pêcheur soupçonné d'un délit ou d'une contravention, si ce bâtiment n'appartient pas à sa nationalité. Une exception existe si le délit ou la contravention sont relatifs à la police même de la pêche qui rentre essentiellement dans les faits d'ordre externe.

Art. 30. — « Les commandants des bâtiments croiseurs des puissances signataires apprécient la gravité des faits de leur compétence parvenus à leur connaissance et constatent le dommage, quelle qu'en soit la cause, éprouvé par les bateaux de pêche appartenant aux Hautes Parties contractantes.

« Ils dressent, s'il y a lieu, procès-verbal de la constatation des faits, telle qu'elle résulte, tant des déclarations des parties intéressées que du témoignage des personnes présentes.

« Si le cas lui semble assez grave pour justifier cette mesure, le commandant d'un bâtiment croiseur aura le droit de conduire le bateau en contravention dans un port de la nation du pêcheur. Il pourra même prendre à son bord une partie des hommes de l'équipage pour les remettre entre les mains des autorités de la nation du bateau. »

C'est là le droit le plus étendu accordé aux autorités d'un croiseur sur un bâtiment pêcheur d'une nationalité étrangère puisque, dans des cas exceptionnels il est vrai, elles peuvent s'emparer momentanément de la personne même des pêcheurs.

C'est la première Convention où l'on soit allé aussi loin

dans la voie des concessions faites aux navires étrangers qui ont à s'assurer de la nationalité d'un navire (1).

Art. 31. — « Le procès-verbal, prévu à l'article précédent, est rédigé dans la langue du commandant du bâtiment croiseur et suivant les formes en usage dans son pays. — Les inculpés et les témoins ont le droit d'y ajouter ou d'y faire ajouter, dans leur propre langue, toute mention ou témoignage qu'ils croiront utiles. Ces déclarations devront être dûment signées. »

L'art. 32 ne fait pas de distinction entre les bâtiments croiseurs des différentes parties contractantes, en ce qui concerne la constatation des faits externes, puisqu'il dit : « La résistance aux prescriptions des commandants des bâtiments croiseurs chargés de la police de la pêche, ou de ceux qui agissent d'après leurs ordres, sera, sans tenir compte de la nationalité du croiseur, considérée comme résistance envers l'autorité nationale du bateau pêcheur. »

Dans le but de faciliter le règlement de dommages causés accidentellement, l'article 33 accorde une certaine juridic-

---

(1) Le précédent de ces articles 29 et 30 a beaucoup gêné, dans la discussion, les plénipotentiaires français de la conférence de Bruxelles sur les *boutres*, qui traita également du droit de visite. Cette conférence, tenue à Bruxelles du 18 novembre 1889 au 2 juillet 1890, à laquelle ont pris part l'Allemagne, la Belgique, le Danemark, l'Espagne, l'Etat indépendant du Congo, les Etats-Unis, la France, la Grande-Bretagne, l'Italie, les Pays-Bas, la Perse, le Portugal, la Suède, la Norvege, la Turquie et Zanzibar, avait pour objet de rechercher en commun, et dans un esprit de conciliation, les moyens les plus propres à amener la suppression de la Traite des esclaves. Le trafic des esclaves est notamment très actif sur la côte orientale d'Afrique, en particulier à Zanzibar. On appelle *boutres* les navires qui transportent les esclaves sur la côte d'Afrique.

Cette conférence de Bruxelles a proposé un texte de Convention que les Chambres françaises n'ont pas ratifié.

tion aux commandants des croiseurs, s'il y a consentement des parties en cause.

Les articles 35 et 36 spécifient que dans tous les cas — ceci est important à noter — pour les faits externes comme pour les faits internes, l'application des peines ne peut être exercée que par les tribunaux de la nationalité du bateau pêcheur délinquant.

Art. 35. — « Les Hautes Parties contractantes s'engagent à proposer à leurs législatures respectives les mesures nécessaires pour assurer l'exécution de la présente Convention et notamment pour faire punir, soit de l'emprisonnement, soit de l'amende, soit de ces deux peines, ceux qui contreviendront aux dispositions des articles 6 à 23 inclusivement. »

Art. 36. — « Toutes les fois que les pêcheurs de l'un des pays contractants se seront livrés à des voies de fait contre les pêcheurs d'une autre nationalité ou leur auront causé volontairement des dommages ou des pertes, les tribunaux du pays auquel appartiendront les bateaux des délinquants seront compétents pour les juger. — La même règle est applicable en ce qui concerne les délits et contraventions prévus par la présente Convention. »

On peut se rendre compte, comme nous l'avons fait remarquer plus haut, par cet examen des différents articles, que la Convention de La Haye est un document d'une extrême valeur au point de vue du droit international maritime. Elle concilie, dans la mesure du possible, le respect dû à la personnalité et à la souveraineté de chaque Etat avec les règles propres à assurer et à faciliter les bons rapports entre les nationaux des différentes nations riveraines de la mer du Nord.

D'après les renseignements que j'ai pu recueillir à des

sources autorisées, la Convention de La Haye fonctionne très régulièrement. Les procès-verbaux dressés par les croiseurs des nations signataires sont toujours suivis de poursuites si, après enquête, on les juge fondés. Toutes les parties contractantes en sont très satisfaites ; elle a mis fin à des difficultés constantes qui se produisaient entre les pêcheurs en mer commune où, en somme, aucun règlement n'existait auparavant pour la pratique de la pêche (1).

L'art. 39 portait : « La Convention restera en vigueur pendant cinq années ; dans le cas où aucune des Hautes Parties contractantes n'aurait notifié, douze mois avant l'expiration de ladite période de cinq années, son intention d'en faire cesser les effets, elle continuera de rester en vigueur une année, et ainsi de suite d'année en année. Dans le cas, au contraire, où l'une des puissances signataires dénoncerait la présente Convention, celle-ci sera maintenue entre les autres parties contractantes, à moins qu'elles ne la dénoncent également. »

Aucun des Etats signataires ne s'étant retiré, la Convention du 6 mai 1882 est restée en vigueur jusqu'à aujourd'hui et n'a subi aucun changement depuis sa ratification.

Convention de La Haye du 16 Novembre 1887
Convention des Bum-boats

La conférence internationale qui réunit à La Haye, du 10 au 25 juin 1886, les puissances signataires de l'acte de 1882,

---

(1) On signale pourtant la persistance de quelques difficultés entre pêcheurs anglais et belges, mais il est à espérer que, par suite de l'application régulière de la Convention, elles ne se reproduiront plus dans l'avenir.

avait pour but la conclusion d'une Convention destinée à remédier aux abus qu'engendre le trafic des spiritueux dans la mer du Nord.

Dans la séance d'ouverture de la conférence du 10 juin 1886, M. Van Karnebeek, ministre des affaires étrangères du royaume des Pays-Bas, s'exprimait ainsi : « Il est naturel que les mêmes gouvernements qui ont adhéré à la Convention signée en 1882, se mettent à l'œuvre de commun accord pour donner, si c'est possible, à cette Convention son complément logique et nécessaire sur un point qui a une importance capitale pour atteindre le but qu'on s'est proposé, et qui n'est autre que de faire régner l'ordre et la justice dans les mœurs et les rapports mutuels de ces rudes pêcheurs qui passent une grande partie de leur vie sur les vagues menaçantes, occupés de l'exercice de leur dur métier, du reste aussi honorable qu'estimé parmi tous les peuples maritimes...

« Vous avez pour mission, au nom des gouvernements que vous représentez, d'aviser aux moyens de mettre un terme aux abus qu'engendre le trafic des spiritueux dans la mer du Nord, exercé surtout par ces cabarets flottants *(bum-boats)* qui souvent sont pour les pêcheurs des antres de perdition où s'abîment malheureusement leurs sentiments d'honnêteté et de moralité. »

Un des points qui suscita forcément le plus de discussion, fut de savoir quelle serait la sanction efficace de la prohibition de la vente des spiritueux par les bum-boats et quelle serait l'étendue du droit de visite accordé aux croiseurs des différents Etats riverains. Déjà, dans la deuxième séance, le délégué de France, M. Mancel, s'associait énergiquement aux appréciations exposées par ses collègues d'Allemagne. « Il n'aurait pas d'objection à admettre (extrait du procès-verbal des délibérations) une intervention des croiseurs, limitée purement et simplement à l'enquête du pavillon et même à la faculté de faire raisonner le navire, mais il repousse le droit de visite et de recherche, qui aboutira en dernière analyse à une surveillance intolérable des bâtiments du commerce. »

Pour M. Mancel cette question n'était pas une simple question de susceptibilité nationale, mais une matière délicate se rattachant intimement au libre exercice de la souveraineté de chaque nation.

Finalement, sur les instances réitérées des délégués de l'Allemagne et du délégué français, le droit de visite et de recherche a été abandonné et remplacé par des dispositions moins sévères et de nature à sauvegarder tous les droits et toutes les susceptibilités. L'art. 7 de la Convention charge les bâtiments croiseurs des Hautes Parties contractantes d'exercer la surveillance et de constater les contraventions ; à cet effet, les officiers commandant ces croiseurs peuvent exiger du capitaine ou du patron du bâtiment suspect l'exhibition des pièces officielles justifiant de la nationalité de son bâtiment, et au besoin du permis. En cas de contravention, ces mêmes officiers dressent des procès-verbaux qui servent de base aux poursuites. Si, par exception, le cas lui paraît assez grave pour justifier cette mesure, le commandant du croiseur aurait le droit de conduire le bâtiment en contravention dans un port de la nation à laquelle appartient le bâtiment.

Les autres points importants de la Convention sont :

Article premier. — « Les dispositions de la présente Convention s'appliquent dans la mer du Nord, en dehors des eaux territoriales, et dans les limites fixées par l'art. 4 de la Convention de La Haye du 6 mai 1882 sur la police de la pèche, à toute personne se trouvant à bord d'un navire ou bâtiment d'une des Hautes Parties contractantes. »

Art. 2. — « Il est interdit de vendre des boissons spiritueuses aux personnes qui se trouvent à bord des bateaux de pèche ou qui appartiennent à ces bateaux. Il est interdit à ces personnes d'en acheter. L'échange de boissons spiritueuses contre tout objet, et notamment contre des produits de la pèche, des objets d'armement ou des engins de pèche, est défendu. »

Art. 5. — « Les tribunaux compétents pour connaître des infractions aux articles 2 et 3 sont ceux du pays auquel appartient le bâtiment inculpé. Si des navires de nationalité différente sont impliqués dans une même infraction, les puissances auxquelles appartiennent ces navires se communiqueront réciproquement les jugements rendus par les tribunaux. »

Art. 12. — « La présente Convention sera ratifiée ; les ratifications en seront échangées à La Haye, le plus tòt possible, et si faire se peut, dans le délai d'un an. »

Et l'article 9 avait stipulé auparavant : « les Hautes Parties contractantes se communiqueront, lors de l'échange des ratifications, les lois qui auront été rendues dans leurs Etats, relativement à l'objet de la présente Convention. »

Or, en France, les projets de loi portant approbation de la Convention de 1887 et relatifs à la répression des infractions à la dite Convention n'ont pas encore été votés. On a trouvé que la Convention de la Haye portait une atteinte grave à la liberté du commerce. Indépendamment de cette question d'ordre général, il est certain que les marins et navigateurs français n'ont aucun intérêt immédiat engagé dans la question. Parmi les cabarets flottants dont on a reconnu la nationalité, aucun n'était français.

Il y eut deux rapports présentés à la Chambre des Députés, l'un favorable, l'autre contraire.

Les projets de loi avaient été déposés par le Gouvernement le 28 novembre 1888 : la Législature fut close sans que la Chambre des Députés ait pu délibérer à leur sujet. Le 12 décembre de la même année, les projets furent de nouveau renvoyés du Ministère des Affaires Etrangères à M. Barbey, Ministre de la Marine, pour être contresignés par lui et présentés à la nouvelle Législature. Après les avoir approuvés, le Ministre de la Marine retourna les deux projets de loi aux Affaires Etrangères le 17 décembre 1888.

Une Commission fut nommée dans le courant de 1889 à la Chambre des Députés et se composa des membres suivants : MM. Trystram, *président*; Joseph Morel, *secrétaire*; Lepoutre, baron des Rotours, Dejardin-Verkinder, Chanson, Labussière, Jules Gros, Gusman Serph, Bourgeois (Jura). Un rapport, tout à fait favorable à l'approbation de la Convention de La Haye, fut présenté le 21 juin 1889 par M. Chanson. Après un court historique de la question et une analyse de la Convention elle-même, le rapporteur s'exprimait ainsi : « Telles sont les principales dispositions de la Convention ; elles ont paru à votre Commission ne présenter rien d'excessif, aucun inconvénient. Les avantages en sont par contre fort appréciables, surtout au point de vue de nos bonnes relations internationales. » Un membre de la Commission ayant fait observer que la Convention lui paraissait inutile, M. Chanson répond : « Il est bien vrai que jusqu'ici les inconvénients, résultant de la présence des cabarets flottants dans la mer du Nord, ne se sont pas fait sentir d'une manière bien sensible parmi les pêcheurs français. Cela tient surtout au peu de développement de notre industrie de la pêche maritime. Les pêcheurs, montés sur des barques légères, ne s'éloignent guère des côtes françaises et ne s'absentent de leur port d'attache que pendant un ou deux jours. Il est dès lors explicable que les cabarets flottants ne viennent pas à la portée d'hommes dont le séjour en mer est si court et dont les appétits sensuels n'ont pas eu le temps de se développer.

« Mais, d'après les explications qui ont été fournies à la Commission par M. le Ministre de la Marine, cet état de choses peut se modifier d'un jour à l'autre, et notre pêche prendre des développements fort désirables, qui la feraient sortir de la routine où elle languit depuis longtemps. »

M. Chanson se demande ensuite ce qu'il arriverait de notre défaut d'adhésion à la Convention : « Gênés dans leur commerce interlope, par suite des défenses édictées par les cinq autres puissances signataires, les bâtiments-cabarets n'hésiteraient pas à se couvrir du pavillon français, sous le prétexte que la France n'aurait pas adhéré à la Convention et que par suite son pavillon serait à l'abri des poursuites des croiseurs. Avons-nous donc intérêt à mécontenter les puissances voisines en ne leur prêtant pas notre appui moral et effectif pour cette œuvre d'assainissement ? Aurions-nous raison d'abriter sous notre pavillon respecté un commerce immoral, honteux et dégoûtant ? Il est inutile d'insister.

« Les craintes exprimées, ajoute M. Chanson, de voir la Convention servir de prétexte à des vexations injustes ou préméditées n'ont pas été non plus partagées par votre Commission..... L'abus en pareil cas serait si criant et si difficile qu'aucune appréhension ne doit se faire jour de ce côté. »

En conséquence, le rapporteur concluait ainsi : « Votre Commission persiste donc à vous proposer l'adoption du projet de loi. »

Ce rapport et ce projet de loi n'eurent pas de suite. La question fut reprise en 1892 ; une nouvelle Commission fut nommée, composée de MM. Siegfried, *président;* Sibille, *secrétaire;* du Saussay, Ledieu, Lacroix (Loiret), du Périer de Larsan, comte de Terves, Jacquemart, N***, Dejardin-Verkinder, N***.

Le rapport fut présenté par M. Maurice Sibille; il était cette fois absolument défavorable à la ratification de la Convention. M. Sibille expose, comme M. Chanson, l'objet de la Convention et la Convention elle-même; dans une troisième partie, très étudiée et intéressante, il développe ses observations, appuyées sur de solides arguments. Il fait à la Convention de La Haye quatre reproches :

1° *Elle est contraire aux anciennes traditions de notre politique étrangère.*

« Le principe de la liberté des mers, dit M. Sibille, est aujourd'hui universellement reconnu. Lorsque des navires sortent loin des côtes, ils ne sont soumis à aucune prohibition, à aucune taxe; ils ne subissent que le contrôle des autorités de l'Etat dont ils portent le pavillon; telle est la règle générale. »

Puis, rappelant les théories de Selden, M. Sibille fait un historique, plein de lucidité, des politiques suivies en ces derniers siècles par les deux puissances maritimes rivales : la France et l'Angleterre. Il énumère les différentes occasions où la France a pris en main la défense du principe de la liberté des mers, et il cite cette belle parole de Chateaubriand, repoussant au Congrès de Vérone les propositions de lord Wellington : « La France, disait-il, reconnaît la liberté des mers pour tous les pavillons étrangers, à quelque puissance maritime qu'ils appartiennent; elle ne réclame pour elle que l'indépendance qu'elle respecte dans les autres et qui convient à sa dignité. » En regard de cela sont rappelées toutes les manœuvres de l'Angleterre pour obtenir des traités assurant à ses nombreux bâtiments de guerre, sinon en droit, au moins en fait, la police de l'Océan.

2° *Aucun avantage concédé à la France n'explique une dérogation aux principes ondamentaux de notre droit public maritime.*

« Tous les actes d'indiscipline, tous les crimes dénoncés à la Conférence de La Haye, ont été commis par des Anglais et des Allemands.... De simples mesures de police prises en Allemagne et en Angleterre semblent suffisantes pour empêcher le retour d'abus regrettables, et une entente internationale n'est pas absolument nécessaire.

« On objecte, ajoute M. Sibille, que si nous n'autorisons pas la ratification du traité de La Haye, les propriétaires des cabarets flottants se placeront sous la protection de notre drapeau pour exercer leur honteux commerce..... mais le Gouvernement des Pays-Bas n'a pas encore reçu et ne recevra probablement jamais les adhésions de la Suède, de la Norvège, de la Russie, de l'Amérique. Du moment que toutes les nations n'ont pas adhéré à la Convention, du moment qu'il y a un pavillon, suédois, russe ou américain, que les croiseurs sont tenus de respecter, le trafic des spiritueux se fera librement sous ce pavillon, et les entraves à la navigation ne donneront pas les résultats espérés, ne produiront aucun effet utile. »

3° *Les différentes prohibitions édictées dans la Convention sont de nature à léser des intérêts commerciaux.*

« Depuis quelque temps, les Boulonnais arment des bateaux d'un assez fort tonnage pour se livrer, précisément dans la mer du Nord, à la pêche du hareng et à la pêche de la morue ; comme ils conservent le poisson dans la glace, ils ne sont pas obligés de revenir chaque jour au port d'attache ; ils visitent différents parages, restent plusieurs semaines loin des côtes, et font en moyenne par an cinq ou six voyages plus ou moins longs (1).

« En soumettant ces pêcheurs à de nouvelles obligations, en leur interdisant tout achat d'eau-de-vie, en ne leur laissant plus la faculté de s'adresser à n'importe quel navire pour réparation d'avaries ou ravitaillement, en accordant à des étrangers le droit de faire appliquer des règlements d'une rigueur excessive, on s'expose à soulever des mécontentements, à provoquer des récriminations, à retenir les bateaux près des côtes et à faire abandonner des expéditions qui ont donné des bénéfices, et qui devraient être encouragées.

« D'un autre côté, tous nos navires se dirigeant vers les ports du Nord, ou en revenant, seront soumis à une surveillance tout à fait exceptionnelle... On peut exprimer la crainte de voir un commandant de croiseur réclamer constamment la production des papiers de bord ou, ce qui serait plus grave, reconduire, sous un prétexte futile, un de nos bâtiments de commerce dans un de nos ports. Notre marine marchande serait alors quelque peu discréditée pour le plus grand profit des marines étrangères. »

4° *Enfin les abus que le texte, sinon l'esprit de la Convention, autorise pourraient amener de redoutables complications.*

« Si des réclamations fort justes de nos nationaux

---

(1) Voir le rapport du Dr Sauvage, ***Bulletin du Ministère de l'Agriculture***, 9e année, pages 264 et suivantes.

n'étaient pas admises, que ferions-nous ? Ne serions-nous pas entraînés à imposer, nous aussi, des vexations aux navires étangers ? Mais opposer ainsi des abus à des abus, ce serait ouvrir une source de conflits.

« En terminant, laissez-nous vous rappeler que nos populations maritimes, animées d'un ardent patriotisme, tiennent beaucoup à la liberté des mers ; elles seraient profondément troublées et affligées si elles voyaient, dans la mer du Nord, les capitaines de nos navires tenus d'obéir au canon anglais ou au canon allemand, obligés de laisser viser par des étrangers les papiers de bord. N'aurions-nous pas bientôt à déplorer de graves incidents ? »

« En résumé, concluait M. Sibille, cette Convention de La Haye, contrairement aux principes généraux de notre droit public, ne respecte nullement l'indépendance des pavillons et place, en pleine mer, des navires français sous la surveillance d'officiers étrangers. Soumettant nos nationaux à des règlements sévères, elle expose notre commerce maritime à de sérieux embarras. Ouvrant une nouvelle source de conflits internationaux, elle peut faire surgir des complications graves et créer pour la France des périls réels.

« Comme prix des sacrifices qu'elle impose, elle donne seulement l'espérance de contribuer à une œuvre de moralisation poursuivie surtout dans l'intérêt des marins allemands et des pêcheurs anglais ; mais l'abstention de plusieurs puissances maritimes ne permettra pas de réprimer ainsi les abus qui ont été signalés et dénoncés. »

M. Sibille termine en demandant à la Chambre de rejeter le projet de loi autorisant M. le Président de la République à ratifier la Convention de La Haye.

Nous avons tenu à analyser longuement le très intéressant rapport de M. Sibille ; les arguments, très sérieux et très forts, qu'il fait valoir, peuvent expliquer que la Convention des Bum-Boats, ratifiée par tous les autres Etats signataires, soit restée pour la France à l'état de lettre morte.

CHAPITRE III

Convention de Paris du 14 mars 1884 relative à la protection des câbles sous-marins.

Bien que cette Convention n'ait pas pour objet direct de réglementer la pêche maritime, elle doit cependant trouver ici sa place, parce qu'elle détermine un usage de la mer et impose des obligations qui s'appliquent spécialement aux pêcheurs. Cette Convention est intervenue à la suite d'une campagne menée en sa faveur. On s'est demandé s'il y avait lieu de déclarer que la détérioration d'un câble sous-marin était un délit du droit des gens ; et ce besoin s'était fait sentir à cause de la présence de plusieurs pêcheurs dans la région de la mer du Nord traversée par des câbles.

Dans sa session de Bruxelles de 1879, l'Institut de Droit international avait traité cette question. Il avait émis le vœu (5 septembre 1879) que la destruction et la détérioration des câbles sous-marins en haute mer fussent considérées comme des délits du droit des gens justiciables des tribunaux nationaux des navires coupables. En 1881, la question fut soumise au congrès des électriciens. M. Louis Renault, professeur de droit international public à la Faculté de Droit de Paris et délégué de France à la conférence internationale de Paris, s'était beaucoup occupé d'amener les Etats de l'Europe à établir cette réglementation internationale dont il a donné lui-même un excellent et très complet commentaire dans la *Revue de Droit international* (1).

La conférence internationale réunie à Paris le 16 octobre 1882, sur l'initiative du gouvernement français,a arrêté, le 2 novembre 1882, un projet de convention qui a été suivi de la convention du 14 mars 1884, sur la protection des câbles sous-marins. Divers pays ont édicté des lois destinées à organiser dans leur mer littorale une réglementation spéciale pour assurer la protection de ces câbles. Nous citerons la loi anglaise du 5 août 1885, la loi grecque du 9 décembre 1885, la loi italienne du 1er janvier 1886. En France, nous avons la loi du 20 décembre 1884 et la circulaire du 22 avril 1888 qui règlent les détails d'exécution de al Convention.

L'art. 2 de la Convention déclare que la rupture ou la détérioration d'un câble sous-marin, faite volontairement ou par négligence coupable, et qui pourrait avoir pour résultat d'interrompre ou d'entraver, en tout ou en partie, les communications télégraphiques, est punissable, sans préjudice de l'action civile en dommages-intérêts.

Les dispositions qui suivent visent plus spécialement les pêcheurs et leurs bâtiments de pêche :

« Art. 5. — Quand un bâtiment occupé à la réparation d'un câble porte les signaux convenus, les autres bâtiments qui aperçoivent ou sont en mesure d'apercevoir ces signaux doivent ou se retirer ou se tenir éloignés d'un mille nautique au moins de ce bâtiment, pour ne pas le gêner dans ses opérations. Les engins ou filets des pêcheurs devront être tenus à la même distance. — Toutefois, les bateaux de pêche

(1) Voir année 1883, p. 17 et s., 617 et s. un article intitulé : *De la propriété internationale des câbles télégraphiques sous-marins.* — Voir également Fischer, *Traité sur la télégraphie et le droit des gens.*

qui aperçoivent ou sont en mesure d'apercevoir un navire télégraphique portant les dits signaux auront, pour se conformer à l'avertissement ainsi donné, un délai de vingt-quatre heures au plus, pendant lequel aucun obstacle ne devra être apporté à leurs manœuvres. »

Il est intéressant de rapprocher de la première partie de cet article, un article de la convention franco-anglaise de 1839 qui contient une disposition tout à fait analogue :

Art. 25. — « Les bateaux chalutiers devront toujours se tenir à une distance de trois milles, au moins, de tout bateau faisant la pêche du hareng ou du maquereau avec des filets dérivants. »

De même, Art. 6 de la Convention de 1884 : « Les bâtiments qui voient ou sont en mesure de voir les bouées destinées à indiquer la position des câbles, en cas de pose, de dérangement ou de rupture, doivent se tenir éloignés de ces bouées à un quart de mille nautique au moins. Les engins ou filets des pêcheurs devront être tenus à la même distance. »

Art. 7. — « Les propriétaires des navires ou bâtiments qui peuvent prouver qu'ils ont sacrifié une ancre, un filet ou un autre engin de pêche, pour ne pas endommager un câble sous-marin doivent être indemnisés par le propriétaire du câble ».

L'art. 8 consacre une fois de plus la règle déjà posée comme principe dans plusieurs conventions internationales : « Les tribunaux compétents pour connaître des infractions à la présente Convention sont ceux du pays auquel appartient le bâtiment à bord duquel l'infraction a été commise. »

L'art. 10 est à rapprocher d'une disposition semblable de la Convention de La Haye relative à la compétence des commandants des croiseurs des Hautes Parties contractantes quant à la constatation des délits. « Lorsque les officiers commandant les bâtiments de guerre ou les bâtiments spécialement commissionnés à cet effet de l'une des Hautes Parties contractantes auront lieu de croire qu'une infraction aux mesures prévues par la présente Convention a été commise par un bâtiment autre qu'un bâtiment de guerre, ils pourront exiger du capitaine ou du patron l'exhibition des pièces officielles justifiant de la nationalité du dit bâtiment. Mention sommaire de cette exhibition sera faite immédiatement sur les pièces produites. »

La loi française du 20 décembre 1884 a pour but d'assurer la répression des infractions à la Convention internationale du 14 mars 1884. Elle comprend trois titres : l'un concernant les dispositions spéciales aux eaux non territoriales ; l'autre les dispositions spéciales aux eaux territoriales ; le troisième contient des dispositions générales. Les peines que peuvent encourir les capitaines ou patrons des bâtiments de pêche sont édictées par l'art. 7. Elles consistent en une amende variant de 16 francs à 300 francs et en un emprisonnement de un à cinq jours.

La Convention internationale du 14 mars 1884, ainsi que la loi du 20 décembre 1884, ont été promulguées par un décret du 23 avril 1888 (*Bulletin officiel de la marine*, page 134) qui a fixé au 1er mai 1888 la date à laquelle ces deux textes devaient entrer en vigueur.

CHAPITRE IV

Convention de commerce et de navigation entre l'Italie et la Tunisie, 28 septembre 1896

Au mois d'août 1895, le Résident de France, Ministre des Affaires étrangères du Bey de Tunis, a dénoncé l'ancien traité de 1868 conclu entre l'Italie et la Régence de Tunis, dans le but d'en faire, conformément à l'art. 25, cesser les effets le 29 septembre 1896, date où expirait la 28e année à partir du jour de l'échange des ratifications.

Une partie de la Convention est consacrée au régime de la pêche sur les côtes de Tunisie et elle contient une série de règles spéciales et intéressantes à signaler au point de vue qui nous occupe. Nous empruntons les renseignements qui suivent à l'exposé des motifs du projet de loi présenté par le Ministre des Affaires étrangères du roi Humbert, le marquis Visconti-Venosta, pour obtenir du Parlement italien l'approbation de la Convention du 28 septembre 1896. « L'art. 17 du traité de 1868, aujourd'hui abrogé, reconnaissait aux Italiens la faculté de se livrer à l'industrie de la pêche dans les eaux, dans les ports et sur les côtes de la Régence, sans qu'ils eussent besoin de demander une permission à l'autorité locale et sans qu'ils fussent astreints à payer d'autres droits ou d'autres impôts que ceux qui sont payés par les nationaux. De son côté, le gouvernement italien permettait aux navires tunisiens d'exercer la pêche sur les côtes d'Italie dans la mesure et aux conditions fixées pour la nation la plus favorisée.

« Les termes assez larges dans lesquels était conçu l'article 17 du traité de 1868 n'ont cependant pas suffi, dans la pratique, pour empêcher qu'on interdit aux Italiens l'exercice de leur industrie dans les lieux où la pèche était réservée à l'Etat et concédée ou affermée par ce dernier à des particuliers.

« Dans sa concision, l'art. 7 de la nouvelle Convention a une portée plus étendue. Les Italiens auront, d'une manière illimitée, le droit d'être traités, en ce qui concerne la pèche, comme les nationaux et comme les Français. Les concessions spéciales que la Tunisie avait faites à la France et que, d'abord, on n'avait pas l'intention d'accorder à l'Italie devront aujourd'hui être considérées comme comprises dans les avantages qui nous sont assurés. Par exemple, pendant les 28 ans qui se sont écoulés depuis la signature du traité de 1868, le Bey, en raison des engagements particuliers qu'il avait pris avec la France, n'a pu étendre à l'Italie, en ce qui concerne la pêche du corail, le traitement de la nation la plus favsrisée. Dans le traitement français que le nouveau traité nous assure, se trouve compris ce genre de pèche qui avait été réservé aux Français par une décision spéciale du Bey.

« Naturellement, la clause qui a été adoptée ne donne pas aux pêcheurs italiens la faculté d'exercer leur industrie dans les lieux où existent des concessions spéciales ou des droits de propriété. A ce point de vue le nouveau texte a le mérite de rectifier la formule de l'art. 17 du traité de 1868 qui n'a jamais compris un droit de cette nature et qui avait le tort d'exprimer une chose différente de celle qui existait. »

Ces avantages accordés à la nation italienne pour la pêche dans les eaux tunisiennes tiennent à une situation spéciale. Grâce à la proximité de l'Italie des côtes de Tunisie, les pêcheurs italiens et siciliens se sont de tous temps livrés à la pêche dans les eaux territoriales de la Régence de Tunis. C'est eux, à coup sûr, qui tiennent le premier rang, distançant même de très loin les pêcheurt français.

La mer tunisienne est riche en poissons, les thons sont ceux qui abondent le plus. On les pêche dans trois thonaires. Or, deux d'entre elles, celle de Sidi Daoud et celle de Monastir, sont concédées depuis plusieurs années à une maison italienne ; la troisième, celle de Capo-Zébid, a été concédée récemment à une maison française, mais elle a dû s'associer à une maison italienne, car l'industrie de la pêche du thon, dans la Méditerranée, est purement italienne et l'on ne peut recruter qu'en Italie le personnel capable de l'exercer.

Les thonaires emploient chacune environ 200 Italiens qui viennent de Sicile pendant les mois de pêche, et reçoivent, comme rémunération de leurs travaux, outre un faible salaire, les œufs et tous les organes intérieurs des thons qui ont été pêchés. Le sel, les cordages, etc., proviennent d'Italie; ils sont, ainsi que tout le matériel nécessaire à la pêche des thons, exempts de tous droits d'importation.

La pêche des anchois, des sardines, constitue aussi une industrie presque exclusivement italienne, dont les produits, après avoir été salés, sont exportés principalement en Italie.

Le nombre des bateaux qui, sous pavillon italien, sont

allés prendre part à cette pèche, en Tunisie, ont été, savoir:

En 1893 de 232
En 1894 de 394
En 1895 de 339

Pendant ces mêmes années, le nombre des bateaux français, au contraire, n'était que de 10, 9 et 10.

La moyenne annuelle pour les trois années du produit total de cette pèche est de 429.291 francs.

La pêche des éponges est également exercée en grande partie par des pêcheurs italiens.

Toutes ces raisons justifient donc les faveurs accordées à l'Italie et les exceptions faites aux principes généraux posés en matière de pèche : dans les eaux territoriales, souveraineté de l'Etat riverain ; en haute mer, liberté de la pêche.

Cet exemple était utile à citer à l'appui de la thèse que nous développons : le rôle des conventions internationales en ce qui concerne la pêche.

Avant de terminer ce chapitre je tiens à dire quelques mots d'une Convention qui n'est pas sans présenter quelque analogie avec la Convention Franco-Italienne, au point de vue de certaines dérogations aux principes généralement admis en matière de pêche. Il s'agit d'un traité conclu le 7 décembre 1887 entre l'Autriche-Hongrie et l'Italie, règlant le régime de la pêche dans la mer Adriatique (1).

Le Protocole final du traité dit (2) : « Tout en maintenant expressément, en principe, pour les sujets des Pays, le droit exclusif de la pêche, le long des côtes, il sera de part et

---

(1) Voir de Martens : *Nouveau Recueil général de Traités,* 2e série, Tome xv, page 625.
(2) Annexes aux articles 17 et 18 du Traité (ouvrage cité, page 688)

d'autre, eu égard aux circonstances particulières locales, et de la part de l'Autriche-Hongrie eu égard de plus aux concessions faites en retour par l'Italie, réciproquement accordé, par pure exception et pour la durée de ce traité (1), aux habitants austro-hongrois et italiens du littoral de l'Adriatique, le droit de pêcher le long des côtes de l'autre Etat; en exceptant cependant la pêche du corail et des éponges ainsi que celle qui, jusqu'à la distance d'un mille marin de la côte, est réservée exclusivement aux habitants du littoral.

« Il est entendu qu'on devra rigoureusement observer les règlements pour la pêche maritime en vigueur dans les Etats respectifs, et surtout ceux qui interdisent la pêche exercée d'une manière nuisible à la propagation des espèces. »

Il y a donc là, comme dans la Convention Franco-Italienne, une dérogation, intéressante à signaler, aux principes qui régissent la pèche dans les mers territoriales.

---

(1) La durée de ce traité est prévue comme suit à son article 25: « Le présent Traité restera en vigueur à partir du jour de l'échange des ratifications jusqu'au 31 décembre 1891. Dans le cas où aucune des Hautes Parties contractantes n'aurait notifié douze mois avant la fin de la dite période, son intention d'en faire cesser les effets, le dit Traité continuera à être obligatoire jusqu'au 31 décembre 1897. »
Or, aucune dénonciation n'est intervenue ; le Traité est donc valable jusqu'au 31 décembre prochain (1897).

CHAPITRE V

La question d'Alaska et les pêcheries de Behring

Nous arrivons maintenant à une question qui offre un intérêt tout particulier, au point de vue de la pêche maritime, en raison de son importance, en raison des arguments nombreux, souvent bizarres, qu'elle a provoqués de la part des deux parties en cause, en raison aussi de l'arbitrage qui l'a tranchée et qui constitue un fait à noter dans les annales du droit international.

A un autre point de vue, d'un ordre peut-être plus général, plus humain en quelque sorte, la question d'Alaska vaut la peine d'être étudiée un peu longuement. Elle est un exemple frappant des mobiles égoïstes et personnels qui trop souvent servent de guides aux gouvernements dans leur conduite internationale.

« La récente histoire des Etats-Unis, dit M. Heinrich Geffcken (1), offre malheureusement bien des preuves que souvent les gouvernements abandonnent des principes pour lesquels ils avaient jadis lutté, quand leurs propres intérêts sont en jeu. Jusqu'à la guerre de Sécession, les hommes d'Etat américains ont toujours été les défenseurs des droits des neutres et de la navigation libre ; pendant la guerre civile ils violèrent des principes respectés toujours. Il nous

(1) Voir, *Revue de Droit International et de Législation comparée*, Tome XXIII, page 236.

suffira de rappeler l'affaire du *Trent* et la monstrueuse théorie du *continuous voyage* appliquée au blocus et à la contrebande.

« Mais la violation la plus ouverte de notions élémentaires du droit international s'est produite par la saisie, en haute mer, d'un certain nombre de bâtiments anglais pour avoir pris des phoques dans la mer de Behring. »

Et M. Geffcken aborde alors la question d'Alaska, fertile en incidents de toutes sortes (1). Ce fut un capitaine danois du nom de Behring, au service de Pierre le Grand, qui le premier navigua dans cette partie du Pacifique qui s'étend entre la côte du Kamtchatka et celle d'Alaska ; et en 1799, sous l'empereur Paul, les deux côtes furent occupées par la Russie. Le 14 sept. 1821, un ukase russe déclara que toute la mer à partir du détroit de Behring jusqu'au 51° degré de latitude nord, dans une étendue de 100 milles, des continents américains et asiatiques, était soumise à la Russie et par conséquent interdite aux pêcheurs étrangers.

Les Etats-Unis, de concert avec l'Angleterre, protestèrent vigoureusement contre cette prétention. La Russie fut forcée de céder et d'admettre la liberté de la pêche dans cette partie du Pacifique, dans les traités conclus avec les Etats-Unis le 17 avril 1824 et avec l'Angleterre le 28 février 1825.

Par le traité du 30 mars 1866, la Russie vendit ses possessions américaines aux Etats-Unis pour la somme de 7 millions de dollars. Mais cette vente n'a pas pu altérer les principes posés par les traités de 1824 et de 1825, d'après la thèse : *Nemo plus juris transferre potest quam ipse habet.*

Or, ce territoire d'Alaska a surtout du prix à cause

---

(1) Voir également dans la *Revue de Droit International* (année 1893, page 426), un article très étudié de M. Thomas Barclay : *la Question des Pêcheries dans la mer de Behring.*

d'une espèce particulière de phoques et de loutres fournissant la fourrure estimée appelée *seal-skin* (1). Afin d'empêcher la rapide destruction de ces animaux, telle qu'elle avait eu lieu dans la Géorgie du sud, le gouvernement américain afferma le droit de prendre ces phoques en Alaska à une compagnie pour la somme de 500.000 dollars par an et 3 dollars 1/2 par peau, limitant en outre le nombre annuel des animaux à prendre à 1.000 phoques mâles. C'était son droit, et évidemment aucun étranger ne peut chasser des phoques en Alaska, dans les îles avoisinantes et dans toutes les eaux territoriales américaines.

Mais des croiseurs américains imaginèrent de saisir, sur la haute mer, des bâtiments anglais appartenant à des propriétaires de Victoria en Vancouver et de confisquer leurs cargaisons de peaux de phoques qu'ils avaient pris sur les côtes de Vancouver.

Le *Minnie*, capitaine Jacobson, avait à bord 200 peaux prises dans le Pacifique avant d'entrer dans la mer de Behring, et il fut saisi à 60 lieues de distance de la côte ; le *Dolphin*, ayant à bord 418 peaux, dont 400 avaient été prises à Vancouver et aux îles de la reine Charlotte, fut saisi dans la mer de Behring, à 45 lieues de la côte, et il en fut de même du *Grâce* saisi à 93 lieues d'Oumalaska, portant 457 peaux, toutes prises hors du territoire américain (2).

Ces bâtiments furent amenés de force à Sitka, où la Cour les condamna comme de bonne prise, et ce, nonobstant les protestations du représentant du gouvernement du Canada. Naturellement, le gouvernement britannique porta

(1) C'est une fourrure donnant des reflets argentés et spécialement employée par les Mandarins chinois qui s'en servent pour orner le bas de leur robe.

(2) Ces données se trouvent dans une lettre de M. Staveley Hill au *Times* du 28 novembre 1889.

plainte à Washington et, au premier moment, le secrétaire d'Etat, M. Bayard, parut disposé à lui rendre justice en ordonnant par le télégraphe de relâcher les bâtiments.

Mais le juge de Sitka, prétendant que le télégramme était un faux et que le secrétaire n'était pas bien informé, refusa d'obéir. En attendant, la pression des intéressés de la Compagnie d'Alaska sur le gouvernement devint si forte, que le secrétaire d'Etat, M. Bayard, recula et fit savoir au ministre anglais qu'à son avis l'affaire était pourtant douteuse (1).

Les arguments invoqués par les Etats-Unis peuvent être rangés en trois catégories :

A. — L'argument historique : la Russie a revendiqué sur les eaux de la mer de Behring des privilèges particuliers qui lui ont été reconnus par les Etats-Unis et la Grande-Bretagne ; ils ont passé aux Etats-Unis.

B. — L'argument du droit actuel : le troupeau de phoques est une propriété des Etats-Unis ; y porter atteinte c'est violer ce droit de propriété.

C. — L'argument de fait : l'humanité tout entière est intéressée à la conservation des phoques à fourrure ; la chasse en mer doit donc être prohibée.

La réponse au premier argument est facile : les Etats-Unis n'ont jamais reconnu les prétentions formulées dans l'ukase russe du 14 septembre 1821. Bien au contraire, ils forcèrent la Russie à céder et à renoncer à ces prétentions exagérées ; il suffit de rappeler les traités déjà cités de 1824 et de 1825.

Comment les Etats-Unis peuvent-ils prétendre avoir succédé à des droits qu'ils s'étaient appliqués à combattre

---

(1) Voir *Revue d'Histoire diplomatique*, année 1893, p. 385 : article de M. Paisant.

de toute leur force, alors que c'était contre eux qu'ils étaient dirigés ?

Le second argument est beaucoup plus spécieux et délicat. Les phoques à fourrure sont-ils assimilables aux animaux domestiques ou sont-ils des animaux purement *feræ naturæ ?* Telle est la question qui se pose. On entend par animaux domestiques ceux qui, recevant les soins de l'homme et contribuant à son agrément ou lui fournissant quelque profit, restent volontairement avec lui et ne le quittent pas sans esprit de retour ; ceux-là sont, sans aucun doute, susceptibles d'appropriation.

Peut-on dire qu'il en soit ainsi des phoques à fourrure ? Il est certain que les soins que leur donne la Compagnie américaine assurent leur conservation, qu'ils reviennent à époques fixes aux îles Pribyloff et que c'est là qu'ils se reproduisent, mais il est certain également qu'ils ne sont pas domestiqués puisque, loin de vivre avec l'homme, ils fuient son approche et qu'ils ne reçoivent de lui aucune nourriture. Donc, il semble que lorsqu'ils se trouvent en haute mer, ils n'appartiennent plus à personne, leur destruction ne saurait être discutée ; le droit de pèche, dit-on, revient à tous. Cette conclusion ne nous paraît pas juste. En effet, c'est dans les îles américaines que les phoques se reproduisent; sans les Américains ils auraient disparu depuis longtemps comme le prouve l'exemple des rookeries du Pacifique méridional complètement ruinées ; enfin chaque année ils reviennent aux îles Pribyloff; tout cela nous fait admettre au profit des Etats-Unis l'existence d'un droit spécial, non encore défini, dérivant des mœurs des phoques à fourrure. Ce sera un droit de propriété exclusif, par conséquent le droit d'en interdire la pêche aux autres nations (1).

(1) Voir sur cette opinion l'avis de M. Paisant dans l'article indiqué plus haut.

D'après M. Engelhardt (1), la protection exclusive des phoques n'appartient aux Etats-Unis que dans la zone maritime dépendant de leur souveraineté. Ils n'ont pas légalement la propriété des phoques à fourrure. Mais des considérations supérieures, dictées par la loi morale comme par l'intérêt de l'humanité, commandent d'atténuer les conséquences rigoureuses de cette règle tirée du *jus positum*. La chasse des phoques, dite pélagique, doit être réglementée dans les parages dont il s'agit, de telle sorte qu'elle soit à la fois moins barbare dans ses procédés et moins désastreuse dans ses effets; il convient d'appliquer à ces parages quelques-unes des lois préservatrices qui régissent la chasse dans tous les Etats civilisés.

Enfin, le troisième argument est à coup sûr le plus original. La conduite des navires canadiens est *contra bonos mores* disait M. Blaine, secrétaire d'Etat du gouvernement américain, car elle doit amener la disparition totale d'une espèce utile pour l'humanité; c'est presque de la piraterie.

Que faut-il entendre par actes *contra bonos mores*? Ce sont des actes qui, bien qu'ils ne soient pas nettement délictueux, vont à l'encontre d'une bonne morale, des agissements que les lois pénales ne peuvent réprimer, mais que les honnêtes gens réprouvent. La chasse des otaries doit-elle rentrer dans ces manœuvres coupables? Parler d'actes immoraux, en cette matière, c'est peut-être aller un peu loin. Mais un fait certain, que personne ne cherche à nier, est qu'il y a un péril à conjurer, les agents britanniques eux-mêmes ont reconnu que le nombre des otaries allait en diminuant aux Pribyloff.

---

(1) Voir, *Revue de Droit International*, Tome XXVI, p. 386, une étude critique intitulée : *Du droit de propriété revendiqué par les Etats-Unis d'Amérique sur les phoques à fourrure de la mer de Behring.*

Les Etats-Unis ont formulé à ce sujet trois observations.

1° Avec le mode de chasse en pleine mer usité par les pêcheurs canadiens, beaucoup d'animaux sont perdus : on en retirerait à peine un sur cinq, même un sur dix.

2° Il est impossible de distinguer en mer les femelles des mâles ; elles entrent donc pour une grande proportion dans la prise totale, ce qui cause un tort immense au troupeau.

3° Lorsque les bâtiments canadiens viennent en maraude auprès des îles, ils capturent les femelles qui s'en éloignent, souvent à une distance considérable, pour chercher leur nourriture et celle de leurs petits, voués ainsi à une mort fatale.

La Grande-Bretagne et les Etats-Unis ont, chacun de leur côté, fait des enquêtes en 1891 sur ces différents points, en envoyant dans les îles des experts et commissaires spéciaux. De leurs recherches il semble résulter que le second reproche seul est véritablement fondé.

La perte des phoques blessés en pleine mer ne serait que de 3 ou 5 o/o et les faits de maraude reprochés aux Canadiens n'ont nullement été prouvés.

La Grande-Bretagne a proposé des mesures de protection ; mais comment prendre ces mesures ? fixer une limite aux prises en haute mer serait illusoire. Le seul remède possible est la reconnaissance du droit de propriété des Etats-Unis. Dès lors la prohibition de pêcher en haute mer serait absolue ; mais, si les Canadiens ne devaient plus se livrer à la pêche des otaries, parce que l'intérêt des pêcheries exigerait que les Etats-Unis en aient seuls l'usage, il est évident qu'il serait absolument légitime de leur donner une compensation. Les Etats-Unis auraient peut-être à faire à ce moment un sacrifice considérable, mais il serait commandé par l'équité ; au surplus ils seraient amplement dédommagés par les bénéfices qu'ils retireraient de l'exploitation exclusive des pêcheries (1).

Pendant que des négociations diplomatiques étaient engagées entre les deux Etats, — et nous en parlerons un peu plus loin, — de nouvelles saisies de navires avaient lieu de la part des croiseurs américains. Une de celles qui eut le plus de retentissement fut la saisie par le revenue-cutter *Rusch* du *W. P. Sayward*. En effet, le ministre de la justice du Canada avait eu l'ingénieuse idée de transférer la guerre dans le camp de l'ennemi en demandant à la Cour suprême de Washington un *Writ of prohibition* contre la Cour de district d'Alaska pour avoir maintenu la saisie du bâtiment canadien, et, au grand ennui du gouvernement américain, la Cour suprême avait résolu d'entendre plaider cette affaire.

M. Choates soutint la demande du gouvernement canadien ; elle fut combattue par l'avocat général des Etats-Unis, M. Taft. Le premier plaidoyer, fort étendu, est lucide et concluant ; le second, tortueux, sophistique et faible. M. Taft insinua d'abord que la Cour suprême ne serait pas compétente comme cour d'appel dans cette affaire et que cette compétence serait limitée aux cas de prise. Cet argument est réfuté par la Constitution elle-même qui déclare (art. III, section: 2) « The judicial power (of the suprême court) shall extend to all cases of admiralty and maritime jurisdiction. »

D'ailleurs la Cour elle-même paraît l'avoir écarté, en se déclarant prête à entendre la demande. Mais il est intéressant de reproduire ce que M. Taft dit pour combattre maté-

(1) La vente des fourrures de phoques sur le marché de Londres produit annuellement environ 30 millions de francs.

riellement celle-ci : 1° Il dit qu'il y a des preuves que le *W. P. Sayward* fut pris dans la zone de trois lieues du littoral et que, si même la saisie avait eu lieu au-delà de cette zone, cette objection serait invalidée par le fait que le capitaine du navire avait paru devant la cour de Sitka pour se défendre, au lieu de contester la compétence du juge ; 2° La saisie d'un bâtiment sur la haute mer pour une offense commise dans le cercle (within) d'une juridiction municipale est légitime ; 3° Le pouvoir exécutif a maintenu le principe affirmé dans la correspondance diplomatique entre les Etats-Unis et la Grande-Bretagne, que le gouvernement américain a une juridiction territoriale jusqu'à au moins 100 lieues de la côte d'Alaska dans le but d'empêcher l'extermination des phoques, et cette décision a été confirmée par le Congrès.

Ces thèses sont faciles à réfuter :

1° La saisie d'un bâtiment étranger sur la haute mer, en temps de paix, pour une infraction aux lois municipales commise dans les eaux territoriales, n'est pas légale. Comme M. Choates le fait observer, pour déterminer la question de la juridiction nationale exercée par le pouvoir exécutif, législatif ou judiciaire, il faut fermement maintenir la différence décisive entre la saisie en temps de guerre et une saisie civile en temps de paix, pour une offense alléguée à la loi municipale. Une cour de prises, décidant sur la légitimité de la saisie d'un bâtiment, ne fait que valider une possession acquise et continuée par force, en conséquence du droit de guerre. Mais une saisie civile par une loi municipale, n'ayant pas un droit de guerre pour la justifier, ne peut jamais, si elle est illégale, être convertie en une possession légale, en emmenant le bâtiment par force dans les limites de la juridiction nationale. Or, la saisie du *W. P. Sayward* ayant eu lieu hors des eaux territoriales d'Alaska, était illégale. Car c'est un principe fondamental et incontesté du droit national qu'en temps de paix les bâtiments marchands, sur la haute mer, ne sont sujets qu'aux vaisseaux armés de leur propre nationalité, le cas de piraterie seul excepté.

2° La saisie du *W. P. Sayward* n'est pas non plus validée par le fait que le propriétaire a paru devant la cour d'Alaska. C'était en effet le seul moyen à sa disposition de recouvrer son bâtiment. Il avait la confiance que la cour annulerait la saisie, mais il a protesté contre la légitimité du procédé, et il est difficile de concevoir comment une telle protestation peut être regardée comme une soumission à la juridiction de la cour.

3° Quant aux antécédents de cette affaire, l'avocat général les passe absolument sous silence et il ne parle ni de l'opposition de son propre gouvernement à la prétention émise par la Russie en 1821, ni du fait que ce gouvernement a toujours reconnu la limite de trois lieues comme celle des eaux territoriales.

Enfin, en soutenant que le pouvoir exécutif avait maintenu son droit d'étendre sa juridiction jusqu'au moins 100 lieues de la côte d'Alaska et que cette décision avait été ratifiée par le Congrès, M. Taft paraissait oublier que les Etats-Unis peuvent bien prescrire toutes sortes de choses à leurs citoyens, mais que de telles décisions sont dénuées de toute espèce de force vis-à-vis des nations étrangères.

Les thèses principales de l'avocat général sont donc frappées de caducité, et quant aux preuves qu'il prétend fournir que le *Sayward* ait pêché dans les eaux territoriales américaines, elles sont nulles. Il doit admettre que, d'après le journal du bâtiment, ce bateau n'a jamais approché la côte de plus de dix lieues. Néanmoins il tient pour *probable* que des phoques ont été pris sur deux des îles Aléutes.

Après bien des remises, dues à la maladie du président de la Haute-Cour, M. Bradley, l'affaire du *Sayward* fut plaidée les 9 et 10 novembre 1891 devant la Cour suprême des Etats-Unis.

M. Calderon Carlisle, avocat du gouvernement canadien, a soutenu que le *Sayward*, saisi à 59 milles de la côte, se trouvait hors de la juridiction des Etats-Unis, qui, d'après la législation américaine, ne s'étend qu'à trois milles de terre. M. Taft, sollicitor général, a soutenu que l'affaire, présentant un caractère politique, devait être tranchée par le pouvoir exécutif et non par les tribunaux. Au cours de sa plaidoierie, M. Taft a signalé la conclusion d'un traité d'arbitrage entre les Etats-Unis et la Grande-Bretagne, qui devra pour devenir définitif recevoir la sanction du Sénat des Etats-Unis. « La décision du pouvoir exécutif (Extrait du *New-York Hérald* du 10 novembre 1891) et du Congrès sur cette question politique est concluante non seulement pour notre Cour, mais aussi pour tout citoyen du ressort juridique de ce pays, car en tranchant cette question politique, le pouvoir exécutif remplit ses fonctions constitutionnelles, et en remplissant ces fonctions le dit pouvoir exécutif ne constitue pas un tribunal inférieur dont la décision puisse être réformée par notre Cour ». Les Anglais avaient attaché un intérêt énorme à ce que la réclamation du *Sayward* fût accueillie par la Cour suprême, car ils pourraient ainsi se présenter devant les arbitres avec cet immense avantage que le premier Tribunal de la République avait prononcé l'illégalité des actes dont ils se plaignaient.

Le 1er février 1892, M. Fuller, chief-justice des Etats-

Unis, annonça que la cour admettait, d'une façon générale, qu'on pouvait réclamer d'elle un *Writ of prohibition* applicable aux jugements rendus par la cour d'Alaska. Ce n'était pas statuer sur le fond, ni même sur la forme, mais c'était une simple déclaration de principe sur une objection présentée. Le 29 février, la Cour fait connaître sa décision. Elle examinait seulement la recevabilité du recours et concluait au rejet de la demande en annulation de jugement, pour ce motif que les propriétaires, au moment du procès, n'avaient pas mis en doute la compétence du tribunal d'Alaska, alors qu'il leur était possible d'opposer cette exception, et que, dans ces conditions, il n'y avait pas lieu de rouvrir la question de juridiction.

Telle fut l'heureuse solution qui permit à la Cour de ne pas décider si le pouvoir législatif avait le droit de rendre et l'exécutif le droit de faire respecter des lois applicables hors des limites de la juridiction territoriale (arrêt rendu le 29 février 1892).

Le même jour M. Blaine et sir J. Pauncefote signèrent le traité d'arbitrage en suspens depuis le 18 décembre ; l'instance engagée devant la Cour suprême n'avait pas été étrangère au retard apporté à la conclusion définitive de la convention d'arbitrage.

Pendant ce temps, les négociations diplomatiques avaient continué ; je vais les résumer succinctement.

Le 27 mars 1889, le président Harrisson publia une proclamation menaçant de punir tous les bâtiments et toutes les personnes violant la loi des Etats-Unis dans la mer de Behring. Jusqu'à cette époque la chasse aux phoques y avait été parfaitement libre ; après la proclamation, neuf bâtiments britanniques furent saisis, l'Angleterre protesta. Le 22 janvier 1890, M. Blaine, dans une note adressée au ministre d'Angleterre, insista sur ce que la loi de la mer ne saurait être pervertie pour justifier des actes immoraux, savoir : le fait de tuer des phoques ; car l'extermination de ces animaux serait *contra bonos mores*.

Sir Julian Pauncefote déclara que cette question n'avait rien à faire avec l'illégalité des saisies.

Au mois de mai 1890, les négociations qui se poursuivaient entre M. Blaine et sir Julian Pauncefote ne paraissent pas avoir abouti à aucun résultat, du moins quant à présent. Sans renoncer à l'espoir de conclure plus tard un traité, on n'a pu s'entendre pour l'établissement d'un *modus vivendi*, et le gouvernement fédéral renouvela les instructions données l'année précédente à ses croiseurs pour la saisie de tous les bâtiments de pêche en contravention. (Lettre de M. Roustan, ministre de France à Washington, à M. Ribot, 23 mai 1890.)

L'Angleterre ayant envoyé dans la mer de Behring quatre vaisseaux de guerre, le gouvernement fédéral modifia les instructions données à ses croiseurs. On ne saisirait plus les bateaux qui seraient seulement dégréés et on s'emparerait des peaux qu'ils contenaient. Pendant l'été, les négociations pour la conclusion d'un *modus vivendi* se continuèrent entre M. Blaine et sir Julian Pauncefote. La question perdit un peu son caractère d'acuité. Mais la difficulté principale demeurait toujours, le gouvernement fédéral persistant résolument à considérer la mer de Behring comme *mare clausum;* sir Julian Pauncefote proposa l'arbitrage des puissances européennes. Mais, outre que M. Blaine devait avoir peu d'espoir de faire sanctionner par un arbitrage sa théorie inadmissible du *mare clausum*, il répugnait à ses doctrines comme à son caractère de s'en remettre aux décisions de l'Europe pour des questions concernant le continent américain. L'arbitrage du Pape lui aurait davantage convenu.

Dans une dépêche ingénieuse de juin 1890, M. Blaine s'attacha à un argument qui lui paraissait plus probant. Il voulut démontrer que le traité de 1824 entre les Etats-Unis et la Russie et celui de 1825 entre la Grande-Bretagne et la Russie, ne se rapportaient même pas à la mer de Behring. Selon lui (voir l'article de M. Barclay) l'océan Pacifique ne comprenait pas la mer de Behring, et il essaya d'établir que l'emploi de l'expression « Océan, appelé communément océan Pacifique » excluait la mer de Behring, car, prétendait-il, la dénomination de mer de Behring était dès lors d'un usage courant. La question est d'intérêt secondaire, sauf en ce qu'elle fait voir au fond des vrais motifs qui déterminèrent les négociateurs anglais et américains à invoquer les traités en question.

Un an plus tard, en mai 1891, pendant une absence de M. Blaine, les deux gouvernements, grâce à une entente directe entre sir Julian Pauncefote et le président Harrisson, se mirent d'accord au sujet d'un *modus vivendi* en attendant la constitution définitive de l'arbitrage. La pêche du phoque était interdite aux Canadiens et aux Américains pendant la saison de 1891-1892, sauf une exception en faveur de la North American Company chargée d'assurer l'approvisionnement des îles Pribyloff, et qui fut autorisée à pêcher 7,500 seals.

Malgré la défense de pêcher pendant la saison de pêche 1891-92, un incident survint dans l'hiver de 1892. Trois shooners, portant le pavillon britannique, furent pris se livrant à l'exercice de la pêche sur les territoires russes baignés par le Pacifique. Ils furent capturés par un croiseur de la marine impériale. Mais l'un d'eux réussit à s'échapper et se réfugia dans une baie à proximité de Yokohama. Le gouvernement russe demanda au gouvernement japonais la livraison du navire en question : sa requête fut repoussée. Après un échange de notes entre les deux gouvernements, l'affaire fut réglée directement par les cabinets de Londres et de Saint-Pétersbourg.

Lord Salisbury avait chargé un député de Liverpool, sir Georges Baden Powell, d'une mission dans la mer de Behring. A son retour, il déclara que de part et d'autre, on désirait l'entente, qu'on s'était déjà accordé non-seulement sur le principe mais sur le détail de l'arbitrage, et qu'il espérait avoir terminé dans trois semaines la négociation aussi heureusement que l'enquête.

Le 29 février 1892, l'arrangement ayant pour objet de soumettre à un arbitrage la question des pêcheries de la mer de Behring, fut signé par les gouvernements anglais et américain. Le tribunal d'arbitrage devait être composé de sept membres dont deux seraient choisis par la Grande-Bretagne et le Canada, deux par les Etats-Unis et les trois autres par la France, la Suède et l'Italie. L'arrangement fut ratifié peu de temps après, à l'unanimité, par le Sénat américain qui vota deux amendements : l'un portant que la langue anglaise serait employée pour les travaux de la commission, l'autre étendant de trois à quatre mois les délais dans lesquels les arbitres auront à se prononcer une fois lés parties entendues. Mais le gouvernement anglais refusa de renouveler le *modus vivendi* consenti l'année précédente et qui était par trop nuisible aux pêcheurs canadiens. Aussitôt, en Amérique, la presse, les hommes politiques en évidence, les ministres, le président Harrisson lui-même, dénoncèrent au pays, avec une extrême violence, ce qu'ils appelaient « la mauvaise foi de lord Salisbury. » Celui-ci s'indigna et, dérogeant aux usages diplomatiques, publia, sans attendre la fin des négociations, le texte du traité aux fins d'arbitrage et les correspondances échangées. Il proposa également — pour montrer son esprit de conciliation et la courtoisie de ses procédés — deux combinaisons qui pourraient à ses yeux prévenir ou réparer le préjudice causé aux pêcheurs canadiens par le renouvellement du *modus vivendi*. La première consistait dans une promesse réciproque par laquelle les deux pays s'engageraient, après la solution de la question principale, à faire déterminer par les arbitres le montant de l'indemnité qui serait payée à la partie gagnante par la partie perdante, en raison des dommages causés par la suspension de la pêche en haute mer ou la restriction de la chasse sur les îles, durant la période d'arbitrage.

La seconde combinaison, plus accommodante encore, laisse intact le droit des Américains de chasser le phoque sur les îles et accepte l'interdiction de la pêche en haute mer, sous la réserve qu'elle pourra être permise aux bateaux canadiens qui avaient fourni une caution suffisante pour assurer le paiement de l'indemnité que stipuleraient les arbitres en faveur des Etats-Unis, dans le cas où ils leur donneraient gain de cause.

Les propositions de Lord Salisbury ayant été acceptées, le *modus vivendi* fut renouvelé pour une année ; et cette acceptation du gouvernement britannique fut pour beaucoup dans le vote par le Sénat américain de l'arrangement aux fins d'arbitrage.

Les ratifications furent échangées à Londres le 7 mai 1892, tant pour la convention relative à l'arbitrage que pour celle fixant les termes du *modus vivendi*. La pêche des phoques en mer fut également interdite aux Anglais et aux Américains. Ceux-ci se réservent le droit sur les îles de tuer 7.500 animaux. Après la décision des arbitres, il sera accordé à la partie gagnante une indemnité calculée d'après l'évaluation du nombre des phoques qu'elle aurait pu pêcher, durant la période de suspension, en tenant compte des restrictions qu'impose aux pêcheurs l'intérêt de la conservation de l'espèce.

Le 26 avril 1892, d'après une dépêche publiée par le *Standard*, M. Tracy, secrétaire d'Etat à la Marine, saisissait, à l'instigation de M. Blaine, la Chambre des représentants des Etats-Unis d'une demande de crédit de 150,000 dollars pour permettre au président Harrisson d'exécuter les conventions signées les 29 février et 18 avril avec la Grande-Bretagne et pour établir à Paris le Tribunal arbitral qui devait régler le différend.

Le crédit de 150.000 dollars (750.000 fr.) fut voté par le Parlement américain.

Les deux arbitres choisis par le gouvernement fédéral furent : M. Harlan, un des neuf juges de la Cour suprême des Etats-Unis, et M. John T. Morgan, sénateur de l'Alabama. Le premier appartenait au parti républicain, le second au parti démocrate. L'avocat chargé de défendre devant le tribunal arbitral la cause des Etats-Unis fut M. Phelps, ex-ministre d'Amérique à Londres.

Le gouvernement canadien désigna comme arbitre sir John Thompson, ministre de la justice du gouvernement fédéral, mais ayant, en fait, la direction suprême des affaires du Dominion.

Le Tribunal était composé en tout de sept arbitres désignés : deux par le Président des Etats-Unis, deux par Sa Majesté la Reine du Royaume-Uni, un par le Président de la République française, un par Sa Majesté le Roi d'Italie, et un par Sa Majesté le Roi de Suède et Norvège. Il siégea à Paris, dans un des salons du Ministère des Affaires étrangères, sous la présidence du baron de Courcel, arbitre français. Les autres arbitres étaient : John M. Harlan ; John T. Morgan, Hannen, John Thompson, Visconti-Venosta, G. Gram.

Une réunion préliminaire eut lieu le 23 février 1893. Les séances publiques commencèrent le 23 mars : elles ont été consacrées à entendre les avocats des deux parties. Les arbitres ont ensuite délibéré à huis-clos pour la préparation de la sentence qui fut rendue le 15 août 1893.

Les cinq points que devait examiner le Tribunal arbitral étaient les suivants :

1° Quelle juridiction exclusive, dans la mer aujourd'hui connue sous le nom de mer de Behring, et quels droits exclusifs sur les pêcheries de phoques dans cette mer, la Russie a-t- elle affirmés et exercés, avant et jusqu'à l'époque de la cession de l'Alaska aux Etats-Unis ?

2° Jusqu'à quel point la revendication de ces droits de juridiction, en ce qui concerne les pêcheries de phoques, a-t-elle été reconnue et concédée par la Grande-Bretagne ?

3° L'espace de mer, aujourd'hui connu sous le nom de mer de Behring, était-il compris dans l'expression Océan Pacifique, telle qu'elle a été employée dans le texte du traité conclu en 1825 entre la Grande-Bretagne et la Russie, et quels droits, si droits il y avait, la Russie a-t-elle possédés et exclusivement exercés dans la mer de Behring après le dit traité ?

4° Tous les droits de la Russie, en ce qui concerne la juridiction et en ce qui concerne les pêcheries de phoques, dans la partie de la mer de Behring qui s'étend à l'Est de la limite maritime déterminée par le traité du

30 mars 1867 entre les Etats-Unis et la Russie, ne sont-ils pas intégralement passés aux Etats-Unis en vertu de ce même traité ?

5° Les Etats-Unis ont-ils quelque droit, et, en cas d'affirmative, quel droit ont-ils, soit à la protection, soit à la propriété des phoques à fourrure qui fréquentent les îles appartenant aux Etats-Unis dans la mer de Behring, quand ces phoques se trouvent en dehors de la limite ordinaire de trois milles ?

Après les plaidoiries des conseils des gouvernements américain et anglais — le conseil des Etats-Unis avait ouvert la discussion en sa qualité de représentant de la partie plaignante — les arbitres résolurent les questions de la manière suivante :

1° *Premier point.* — Par l'ukase de 1821 la Russie a revendiqué des droits de juridiction dans la mer connue aujourd'hui sous le nom de mer de Behring, jusqu'à la distance de cent milles au large des côtes et îles lui appartenant ; mais, au cours des négociations qui ont abouti à la conclusion des traités de 1824 avec les Etats-Unis et de 1825 avec le gouvernemeut britannique, elle a admis que sa juridiction dans la dite mer serait limitée à une portée de canon de la côte ; et il apparaît que, depuis cette époque jusqu'à l'époque de la cession de l'Alaska aux Etats-Unis, elle n'a jamais affirmé en fait ni exercé aucune juridiction exclusive dans la mer de Behring, ni aucun droit exclusif sur les pêcheries de phoques àfour-rure dans la dite mer, au delà des limites ordinaires des eaux territoriales.

2° *Second point.* — Il est reconnu que la Grande-Bretagne n'a jamais reconnu ni concédé à la Russie aucun droit à une juridiction exclusive sur les pêcheries de phoques dans la mer de Behring, en dehors des eaux territoriales ordinaires.

3° *Troisième point.* — Il est reconnu, à l'unanimité, que l'espace de mer aujourd'hui connu sous le nom de mer de Behring était compris dans l'expression *Océan Pacifique*, telle qu'elle a été employée dans le traité de 1825 entre la Grande-Bretagne et la Russie. De plus, il est reconnu que la Russie n'a possédé ni exercé, après le traité de 1825, aucun droit exclusif de juridiction dans la mer de Behring ni aucun droit exclusif sur les pècheries de phoques dans cette mer, au-delà de la limite ordinaire des eaux territoriales.

4° *Quatrième point.* — Tous les droits de la Russie, en ce qui concerne la juridiction et en ce qui concerne les pècheries de phoques, dans la partie de la mer de Behring qui s'étend à l'Est de la limite maritime déterminée par le traité du 30 mars 1867 entre les Etats-Unis et la Russie, sont intégralement passés aux Etats-Unis en vertu de ce même traité.

5° *Cinquième point.* — Les Etats-Unis n'ont aucun droit de protection ou de propriété sur les phoques à fourrure qui fréquentent les îles appartenant aux Etats-Unis dans la mer de Behring, quand ces phoques se trouvent en dehors de la limite ordinaire de trois milles.

Un règlement en neuf articles, applicable en dehors des limites de la juridiction des gouvernements respectifs, fut ensuite élaboré et rendu par le Tribunal arbitral : c'est là un fait absolument nouveau en pareille matière et intéressant d'ailleurs à certains points de vue, comme nous le verrons tout à l'heure.

Après la signature de l'arbitrage, les gouvernements anglais et américain s'adressèrent à toute s les puissances intéressées, et notamment à la France, en vue d'obtenir la promulgation, dans chaque pays, de lois rendant obligatoire l'observation de règlements conformes aux décisions et aux vœux du tribunal arbitral.

Avant de donner son adhésion à cette proposition — si tant est qu'il ait l'intention de la donner — le gouvernement français devrait rechercher avec soin si les règlements en question ne sont pas contraires aux intérêts de nos nationaux qui pourraient être tentés de se livrer à la pêche dans les eaux dont il s'agit. Il semble que le mieux serait de réunir une conférence, composée des représentants des divers Etats intéressés, et qui serait chargée d'examiner la question. Nous aurions ainsi plus de chance de faire admettre notre manière de voir, parce que d'autres Etats auraient le même intérêt que nous. — De plus, nous pouvons nous faire de cette question pendante une arme vis-à-vis de l'Angleterre et des Etats-Unis, pour subordonner notre acceptation, tant désirée de leur part, à certaines concessions qui nous seraient faites sur des points contestés, à Terre-Neuve par exemple.

Dans le courant de mars 1896, le gouvernement britannique et le gouvernement des Etats-Unis ont signé une Convention, ayant pour objet de soumettre à un Tribunal arbitral les réclamations pécuniaires concernant les navires anglais, saisis dans la mer de Behring antérieurement à l'arbitrage de Paris. Chaque gouvernement devait nommer un commissaire ; un tiers arbitre serait institué pour trancher le litige, en cas de partage égal des voix. Il devait être désigné par le Président de la Confédération Helvétique, mais seulement dans le cas où les parties intéressées n'auraient pu se mettre d'accord pour le choix.

En avril 1896, la Convention était ratifiée par le Sénat Fédéral qui n'y apportait que de très légères modifications (1).

Après avoir achevé l'historique des pêcheries de Behring et de la question d'Alaska, quelle appréciation devons-nous porter sur le jugement du Tribunal d'arbitrage de Paris ? Ce jugement est important à plusieurs points de vues. D'abord il faut signaler (2) ces règlements, applicables en dehors des limites de la juridiction des gouvernements de Washington et de Londres, et qui ont pour but de protéger les phoques sur la haute mer, en dehors des eaux territoriales. La protection et la conservation des phoques à fourrure sont garanties, par des mesures efficaces, dans une zone de soixante milles autour des îles de Pribyloff, en y comprenant les eaux territoriales.

Les gouvernements des Etats-Unis et de la Grande-Bretagne sont obligés d'interdire à leurs ressortissants respectifs de tuer, de prendre ou poursuivre en tout temps et de quelque manière que ce soit, les animaux communément appelés phoques à fourrure dans la zone des soixante milles sus-indiquée (art. 1 des règlements). — Art. 4 à 6 : « Tout navire à voile autorisé à se livrer à la pêche des phoques doit être muni d'une licence spéciale délivrée à cet effet par le gouvernement compétent et doit porter un pavillon distinctif. L'emploi des filets, des armes à feu et des explosifs est interdit dans la pêche des phoques. Enfin les patrons des navires, engagés dans la pêche des phoques, devront mentionner dans leurs livres de bord la date et le lieu de

(1) Archives du Ministère de la Marine. Je n'ai pu avoir de renseignements plus récents sur cette question.

(2) Voir *Revue générale de Droit International public*. — Tome 1er, 1894, page 33.

chaque opération de pêche des phoques ainsi que le nombre et le sexe des phoques capturés chaque jour ».

Le reproche que l'on peut faire à la sentence arbitrale est de manquer de sanction pratique. Pour qu'elle ait, en effet, une valeur réelle il faudrait l'assentiment de la Russie et du Japon, les eaux de la mer qui entoure les possessions russes et japonaises fournissant naturellement un champ libre aux agissements des navires canadiens et américains qui sont employés à cette chasse. A ce point de vue on peut presque dire que les règlements ont l'air de vouloir s'imposer aux gouvernements qui n'ont pris aucune part dans le litige entre les Etats-Unis et l'Angleterre.

La décision du Tribunal de Paris offre un intérêt tout particulier, par suite du rôle absolument nouveau, en pareille matière, joué par les arbitres.

Dans un article publié par la *Revue Générale de Droit International public* (tome I, année 1894, p. 49) M. L. Renault le met en lumière d'une façon très nette et saisissante : « Le traité fixant l'arbitrage, dit-il, envisageait le cas où le droit exclusif prétendu par les Etats-Unis ne leur serait pas reconnu. Quelle aurait dû être alors la conséquence normale pour l'avenir ? C'est la liberté réciproque pour les deux Etats d'user de la mer de Behring comme ils l'entendraient. Cette liberté complète pouvait avoir ses inconvénients et amener la prompte destruction des intéressants animaux sur lesquels les avocats américains ont déployé toute leur éloquence pour apitoyer les arbitres. Les deux gouvernements auraient vu s'il leur convenait de se concerter pour un règlement en vue de prévenir ce résultat, comme ont fait les riverains de la mer du Nord en réglant la pêche par la Convention signée à La Haye le 6 mai 1882. Eh bien, le traité de Washington charge les arbitres de faire ce règlement dans l'éventualité prévue. C'est bien une mission toute nouvelle qui était ainsi confiée aux arbitres, puisque, la question vraiment litigieuse était tranchée contrairement aux prétentions des Etats-Unis, il n'y avait plus de différend au sens propre entre eux et la Grande-Bretagne.

« Que faut-il penser d'une pareille clause ? Elle témoigne d'un singulier désir d'entente, et à ce point de vue elle ne peut qu'être approuvée. Mais s'il est délicat de s'en remettre à des arbitres de la décision d'un litige, il l'est encore plus de les charger de la conciliation des intérêts et de leur permettre de délimiter la liberté normale, la souveraineté de chaque Etat. Le règlement peut ne satisfaire aucune des parties ; il s'applique à l'avenir, tandis que la décision se réfère au passé. »

Il est bien certain que ce mode de trancher des difficultés et de concilier des intérêts divers est singulièrement délicat. Cependant, si la solution proposée est acceptée par les deux parties, il semble qu'il y ait des chances pour que la bonne harmonie règne désormais entre elles. L'avenir nous apprendra quel est le sort réservé à la sentence arbitrale du tribunal de Paris, mais nous ne pensons pas que le principe nouveau qu'elle a posé puisse espérer acquérir un jour une portée générale.

Au dernier moment je m'aperçois, d'après les dépêches récentes publiées par les journaux d'Angleterre et des Etats-Unis, que les craintes de M. Renault étaient fondées : la question des pêcheries de Behring n'a pas dit son dernier mot et elle semble se poser de nouveau aujourd'hui avec un évident caractère d'acuité.

Un article de la sentence arbitrale, acceptée par les deux pays, stipulait que les décisions prises par le tribunal resteraient en vigueur aussi longtemps qu'elles n'auraient pas été abrogées, en tout ou en partie, par le consentement mutuel des deux pays intéressés. En outre, tous les cinq ans, le règlement qui était intervenu devait être soumis à un nouvel examen, pour le cas où les intéressés verraient, d'un commun accord, la nécessité d'y apporter des modifications. Or, les Etats-Unis, mécontents des résultats qui suivirent l'application de cet arrangement, songèrent à en demander une révision avant même que la période de cinq ans fût écoulée. Ces propositions tendaient à faire suspendre la pêche pendant l'année 1897 et à provoquer la réunion d'une nouvelle conférence.

Cette proposition, contraire aux intérêts anglais, fut naturellement repoussée à Londres. Le mécontement éprouvé à Washington fut grand et il devait fatalement se traduire dans la correspondance échangée entre le secrétaire d'Etat américain, M. Sherman et son ambassadeur à Londres, M. Hay. On peut en trouver la preuve dans la dépêche —juillet 1897—que vient de publier la *Tribune* de New-York, et où M. Sherman donne libre cours à son dépit et accuse l'Angleterre de mauvaise foi.

Les Anglais se montrent, avec assez de raison d'ailleurs, froissés par la publication, dans un journal américain, d'une dépêche diplomatique si peu flatteuse pour leur amour-propre. Ce procédé est à coup sûr incorrect ; il ne peut s'expliquer que par le parti-pris qu'affecte la diplomatie américaine de ne pas observer les convenances internationales en usage dans tous les pays.

Une certaine effervescence règne à ce sujet chez les deux peuples, anglais et américain. Il est bien certain que M. Sherman a traduit dans sa dépêche l'état d'esprit dominant dans les sphères gouvernementales des États-Unis. Un parti s'est formé dans ce pays, qui rêve l'expansion, la conquête et les aventures. Il est turbulent, audacieux, et il parle à l'imagination de la jeunesse américaine ; or, suivant la maxime de Napoléon, on gouverne les peuples bien plutôt en s'adressant à leur imagination qu'à leurs intérêts.

Il convient cependant de ne pas voir les choses sous un jour trop sombre, et quand on va, comme le *Morning Post* jusqu'à prévoir, pour un avenir plus ou moins éloigné, une guerre anglo-américaine, c'est prendre la situation trop au tragique.

Espérons qu'une entente amiable ou un nouvel arbitrage mettra fin au différend qui vient de surgir, et, d'après une dépêche de Washington que j'ai sous les yeux, il semble probable qu'on réunira dans cette ville, au mois d'octobre, une conférence d'experts anglais et américains qui traitera la question en se servant des informations obtenues cet été par les commissaires. Avant son départ récent de Washington, l'ambassadeur britannique qu'on vient d'envoyer sur place aux Etats-Unis, a discuté avec le secrétaire d'État la question d'un nouveau traité. Rien de définitif n'aurait été conclu et la discussion doit reprendre à l'automne, lors du retour de l'ambassadeur à Washington.

D'un autre côté, des difficultés nouvelles viennent de surgir. Les journaux ont publié tout récemment, le 25 septembre dernier, la note suivante : « Suivant les bruits recueillis dans les cercles officiels, l'Angleterre, cédant à l'influence du Canada, aurait à l'improviste refusé de participer à la conférence des pêcheries de Behring à Washington, le 12 octobre, sous le prétexte que la Russie et le Japon y participeront. L'Angleterre n'aurait pas encore prévenu la Russie de ce changement d'attitude. »

Les journaux anglais disent que l'Angleterre a toujours été opposée à la participation de la Russie et du Japon aux conférences entre le Canada, les Etats-Unis et la Grande-Bretagne au sujet des pêcheries de la mer de Behring. Cette question fait actuellement l'objet de négociations du gouvernement britannique avec les chancelleries qu'elle intéresse. D'autre part, d'après des journaux américains, lord Salisbury a informé l'ambassadeur des Etats-Unis à Londres, que la Grande-Bretagne estimait que la Russie n'avait aucune raison de participer à la conférence, cependant il n'aurait pas déclaré expressément qu'elle n'y participerait pas. Les négociations continuent, mais l'on fait remarquer qu'en 1895, l'Angleterre avait déjà refusé de participer à une conférence au sujet des pêcheries de Pribyloff si la Russie et le Japon devaient y prendre part.

D'après les derniers renseignements recueillis, on n'avait reçu, à propos de cette conférence de Washington, aucune communication au Ministère de la Marine.

CHAPITRE VI

Les pêcheries de Morue à Terre-Neuve

Historique de la Question (1)

L'origine de la pêche de la morue à Terre-Neuve est attribuée aux Basques du cap Breton, près Bayonne, qui pratiquaient cette pêche dès l'année 1504, de concert avec des Bretons et des Normands. Le premier règlement, concernant cette pêche, date du mois de mars 1640. Il a été homologué au Parlement de Rennes le 31 du même mois.

En vertu du traité du 11 avril 1713, dit traité d'Utrecht, l'île de Terre-Neuve a été abandonnée (art. 15) à l'Angleterre par la France qui s'est réservé le droit de pêcher et de sécher le poisson depuis le lieu appelé cap Bonavista, jusqu'à l'extrêmité septentrionale de la dite île, et de là, en suivant la partie occidentale, jusqu'au lieu appelé: Pointe-Riche. Il est important de remarquer que les droits que nous revendiquons à Terre-Neuve n'ont pas été cédés par l'Angleterre à la France, mais bien *conservés* par la France dans l'abandon qu'elle a fait à l'Angleterre de la possession de l'île. — L'art. 12 du traité interdisait aux Français de pêcher à moins de trente lieues des côtes de la Nouvelle-Ecosse.

Assuré de nouveau par le traité d'Aix-la-Chapelle

(1) Voir les Livres Jaunes publiés par le Ministère des affaires étrangères en 1891 et 1892.

(1748), ce droit fut confirmé par le traité de Paris (10 février 1763) qui nous faisait perdre cependant le Canada, l'Acadie, le cap Breton et toutes les îles et côtes du golfe de Saint-Laurent.

L'art. 5 confirme l'art 12 du traité d'Utrecht. Il interdit de pêcher à moins de 3 lieues des côtes du golfe de Saint-Laurent et à moins de 15 lieues des îles du cap Breton. L'art 6 contient la cession de Saint-Pierre et Miquelon, sous la condition que les îles ne seront pas fortifiées et n'auront qu'une garde de 50 hommes.

De 1713 à 1756, les Anglais ont émis différentes fois la prétention de pratiquer la pèche concurremment avec nous. Ils paraissent toutefois ne l'avoir fait effectivement que de 1763 à 1778, et seulement sur certaines parties des côtes qui nous étaient attribuées.

Dans le traité de 1778, traité d'alliance conclu entre la France et les Etats-Unis, les Américains s'engagent à ne jamais intervenir dans l'exploitation de nos pêcheries sur les bancs de Terre-Neuve, ni dans le droit indéfini et exclusif qui nous appartient sur cette partie de la côte de l'île qui est désignée dans le traité d'Utrecht.

Désireuse de mettre fin aux difficultés avec l'Angleterre, la France consentit en 1783 à renoncer aux portions des côtes que les Anglais envahissaient, mais cette renonciation fut faite à la condition que nous obtiendrions, en échange de notre abandon, une étendue équivalente de territoire riverain.

L'art. 5 du traité de Versailles du 3 septembre 1783 fixe l'étendue nouvelle du French Shore, qui s'étend désormais depuis le cap Saint-Jean par 50° de latitude N. sur la côte Est, jusqu'au cap Raye par 47° 50" de altitude N. sur la côte Ouest.

Une déclaration annexe porte que « S. M. Britannique prendra les mesures les plus positives pour que ses sujets ne troublent en aucune manière, par leur concurrence, la pêche des Français pendant l'exercice temporaire qui leur est accordé sur les côtes de l'île de Terre-Neuve, et elle fera retirer à cet effet les établissements sédentaires qui s'y seront élevés ». D'après la même déclaration, la pêche entre Saint-Pierre, Miquelon et Terre-Neuve ne pourra se faire de part et d'autre que jusqu'à mi-canal.

Les traités d'Amiens (25-27 mars 1803) art. 15 ; de Paris (30 mai 1814), art. 8, restituant implicitement à la France les îles de Saint-Pierre et de Miquelon et (art. 13), déclarant que tous les droits de pêche des Français sont remis sur le même pied qu'en 1792 ; le traité de Vienne du 20 novembre 1815 (art. 11) confirment les conventions précédentes.

« Le traité du 20 octobre 1818 entre l'Angleterre et les Etat-Unis, (1) par suite duquel les sujets de cette dernière puissance avaient la faculté de pêcher en commun avec les sujets anglais du Cap Raye aux îles Rispen, *n'a pas tenu compte de notre droit exclusif*, et presque chaque année des bâtiments de la station ont dû éloigner de plusieurs hâvres, compris dans nos limites, des goélettes américaines qui y pratiquaient la pêche ».

« Depuis 1819, une prétention a été élevée par les pêcheurs américains pour l'exercice de la pêche, en concurrence avec les Français, dans les hâvres de la côte de l'Ouest. — Cette prétention est établie sur la convention susdite passée le 20 octobre 1818 entre l'Angleterre et les Etats-Unis. Les Américains sont autorisés par cette convention à prendre des poissons de toute espèce sur les côtes

(1) Voir Archives de la Marine. — Travail de M. Neuville.

occidentales et septentrionales de Terre-Neuve, depuis le Cap Raye jusqu'aux îles Quirpon ainsi que sur la partie de la côte méridionale qui s'étend du dit cap Raye aux îles Ranea. Ils ont de plus sur cette portion de la côte du Sud la faculté de sécher et de saler le poisson.

« La France n'est qu'usufruitière des hâvres de Terre-Neuve sur l'étendue des côtes ci-dessus désignée ; mais elle en a constamment joui sans partage, d'après les clauses du traité de 1783, confirmé implicitement, sous ce rapport, par le traité de Paris du 30 mai 1814 et celui du 20 novembre 1815. Aucune stipulation nouvelle entre la France et l'Angleterre n'étant venue infirmer ces traités, les droits qui en découlent pour nos pêcheurs conservent toute leur force. La côte Ouest de Terre-Neuve est celle qui offre le plus de morues, tant par l'abondance du poisson que par la facilité de disposer les grèves pour la manipulation des produits de la pêche.

« Aussi cette côte, peu fréquentée d'abord, il est vrai, par les pêcheurs français, est aujourd'hui le point de destination d'expéditions importantes. En 1822 elle a été exploitée par 22 bâtiments montés de 900 hommes et équipés de 176 bateaux : des armements plus nombreux doivent être entrepris.

« La position des Français à Terre-Neuve explique le prix qu'ils attachent à conserver la jouissance exclusive des hâvres de la côte occidentale. Mais nul besoin véritable ne peut être allégué par les Américains pour entrer en partage d'une exploitation sur la non-communauté de laquelle les Français ont toujours dû compter ». (1)

Il résulte incontestablement des différents traités de 1783, 1814 et 1815, que les Anglais ne peuvent faire la pêche en

(1) Extrait d'une note du 18 avril 1823. Papiers du bureau des Pêches.

commun avec les Français, et que nous jouissons, par conséquent, d'un droit *exclusif* de pêche sur la partie des côtes qui nous est attribuée. Les instructions remises, de 1784 à 1789, au commandant de la station de Terre-Neuve, c'est-à dire au début de l'application du régime consacré par le traité de 1783, précisent en termes fermes et catégoriques l'étendue de nos privilèges. Ces instructions, conformes évidemment à l'esprit du traité et à son interprétation, vont même jusqu'à prescrire à nos croiseurs de s'opposer par la force à toute immixtion des bâtiments de guerre anglais dans la police des pêcheurs français.

En 1790 seulement, le gouvernement britannique a élevé des réclamations portant sur la défense faite aux croiseurs anglais de se rendre dans les hâvres attribués à la pêche française. A la suite de ces réclamations, le gouvernement du roi Louis XVI a consenti à modifier les instructions destinées au commandant de la station de Terre-Neuve, mais ces modifications n'ont porté aucune atteinte au fond même des instructions, car, au lieu de prescrire d'employer la force pour s'opposer à toute intervention des croiseurs anglais dans les pratiques de la pêche française, Sa Majesté a seulement recommandé à nos officiers de se borner à protester.

La reconnaissance de notre droit exclusif a été sanctionnée plusieurs fois, notamment en 1785 et 1822 (déclaration Hamilton), par les gouverneurs de Terre-Neuve et par les commandants des croiseurs anglais. Je citerai comme exemple : commandant du croiseur anglais l'*Echo*, agissant d'après les ordres de son gouvernement, enjoint aux sujets anglais, qui s'étaient installés sans droit dans nos hâvres de pêche, d'avoir à quitter cette partie de la côte et à détruire les établissements qu'ils y avaient formés.

10

Le 30 mai 1835, les jurisconsultes de la Couronne furent consultés et répondirent : « Nous sommes d'avis que les sujets de la France ont le droit exclusif de pêcher sur la partie de la côte de Terre-Neuve spécifiée dans le cinquième article du traité définitif signé à Versailles le 3 septembre 1783. »

Cette déclaration était tranchante et les ministres anglais réclamèrent contre la décision des juges. La question fut donc examinée à nouveau, et le 17 avril 1837, les jurisconsultes officiels de la Couronne écrivirent :

« Dans notre rapport du 30 mai 1835, nous pouvons être allés plus loin que la nature du cas ne l'exigeait (than the circumstances of the case fairly warrant).

« Conformément au traité de 1783, à la déclaration annexée, aux traités subséquents et à l'acte du Parlement, nous pensons que la Grande-Bretagne s'est engagée à permettre aux sujets de la France de pêcher, pendant la saison, dans le district indiqué, sans avoir à subir aucune interruption de la part des sujets anglais.

« S'il existait réellement assez de place, dans les limites du district en question, pour que les pêcheurs des deux nations pussent y pêcher sans que des collisions soient à redouter, nous ne pensons pas que ce pays (l'Angleterre) serait astreint à empêcher ses sujets d'y pêcher. Quoi qu'il en soit, il semble résulter du rapport de l'amiral sir P. Halket que le fait est difficilement praticable, et nous pensons que, conformément à la véritable nature des traités et de la déclaration, les sujets britanniques sont exclus de pêcher, s'ils causent quelque embarras à la pêche francaise. »

En somme, on peut dire que ce second rapport des conseillers de la Couronne britannique n'infirme pas le premier : notre droit exclusif existe donc, de l'aveu même des autorités anglaises.

En résumé, le texte des traités, leur esprit, la correspondance échangée à l'occasion de leur préparation entre les plénipotentiaires des Gouvernements anglais et français, les décisions elles-mêmes des autorités anglaises nous autorisent pleinement à soutenir que le privilège d'exercer la pêche de la morue sur une partie des côtes de l'île de Terre-Neuve, sans concurrence de la part des Anglais, équivaut à un droit exclusif, qui ne saurait de bonne foi nous être dénié, et qui doit être pris pour base des arrangements à intervenir, en vue de régler les difficultés pendantes. Ces difficultés sont nées, principalement d'une situation amenée par le temps. Lorsque les traités qui règlent nos droits à Terre-Neuve ont été conclus, cette île était à peu près déserte. Depuis lors certains points, la baie St-Georges notamment, se sont peuplés d'habitants dont le nombre tend à s'accroître. Connus sous le nom de résidents, ces habitants vivent de la pêche et font par suite à nos nationaux une concurrence contraire aux traités. Cette concurrence motive les réclamations de nos pêcheurs, lesquels ont encore à se plaindre de ce que les goélettes anglaises, venues de St-Jean, capitale de l'île, se livrent aussi à la pêche. Des goélettes américaines ont également été signalées comme pêchant dans les limites qui nous sont assignées par les traités.

Les populations qui se sont établies sans droits sur notre territoire de pêche ont des origines diverses et sont pour la plupart disposées à n'admettre aucun contrôle et à ne reconnaître aucune autorité. C'est parmi elles que nos armateurs trouvent les gardiens auxquels ils confient, pendant l'hiver, la surveillance des établissements de pêche, créés à terre, et qui consistent en cabanes et autres installations propres à la préparation du poisson. Le concours que nous trouvons sous ce rapport, parmi les résidents, est une des causes de notre tolérance vis-à-vis d'eux, tolérance qui a amené des empiètements successifs, contre lesquels on a voulu réagir en entamant, à diverses reprises, des négociations qui ont bien pu aboutir avec le Gouvernement britannique, mais dont celui-ci n'a jamais pu faire accepter le résultat à sa colonie.

A la suite de la destruction d'une embarcation de pêche française, coulée par une corvette anglaise qui l'avait surprise en dedans des limites anglaises sur la côte sud de Terre-Neuve, des négociations furent entamées dans le courant de l'été 1844. M. le capitaine de corvette Fabvre fut chargé de s'entendre à Terre-Neuve avec M. W. Thomas, président de la Chambre de commerce de St-Jean. On proposa de partager avec les Anglais nos droits de pêche et de sècherie, depuis le cap Raye jusqu'à Bonne-Baie exclusivement, moyennant réciprocité complète au Labrador ainsi qu'à Belle-Ile. L'affaire n'eut pas de suite.

En 1851, reprise des négociations entre M. Bon, commissaire du gouvernement français, et sir Perrier, représentant S. M. Britannique. La France demanda beaucoup : droit de pêcher à Belle-Ile et sur plusieurs points de la côte du Labrador. En échange, elle renonçait au droit exclusif de pêche dans la baie de St-Georges. Les négociations se bornèrent à une seule entrevue de délégués. En 1856, M. le capitaine de frégate Pigeard est envoyé à Londres. Une convention fut signée par Lord Clarendon, M. Labouchère et M. de Persigny, ambassadeur de France.

Elle porte la date du 14 janvier 1857 et elle est insérée au *Bulletin officiel de la Marine* (1er semestre 1857, p. 233.)

Les droits réservés aux Français étaient les suivants :

1° Droit *exclusif* de pêcher et d'user du rivage du cap St-Jean aux îles Kirpon et de ces îles au cap Normand ; mêmes droits à la côte Ouest dans les cinq hâvres de Port-au-Choix ; Port-à-Port ; Petit-Hâvre ou Petit-Port, l'Ile Rouge et l'Ile Cod Roy's.

2° Droit de pêcher en *concurrence* avec les Anglais du cap Normand au cap Raye ; usage exclusif du rivage du cap Normand à la pointe Rock.

3° Droit d'acheter librement aux Anglais, et sans entrave possible, et droit de pêcher nous-mêmes la boëtte (appât pour la pèche) dans un cas déterminé, sur la côte sud, le hareng et le capelan.

4° Droit de pêche en commun avec les Anglais, dans l'intérieur de toutes les rivières, au Labrador et à Belle-Ile.

Cette convention était favorable à nos intérêts : en échange d'un droit de pêche exercé en commun avec les Anglais, sur des portions du littoral où nos pêcheurs ne se présentent pas régulièrement, nous acquérions des droits de possession mieux définis sur les points où se concentrent nos opérations. Malgré l'insistance de M. de Labouchère, sous-secrétaire d'Etat des colonies du gouvernement britannique, le Parlement de Terre-Neuve repoussa la convention comme désastreuse pour la colonie. Le gouvernement français a toujours refusé d'admettre que le régime parlementaire à Terre-Neuve pût avoir pour conséquence de délier la métropole de ses engagements vis-à-vis de nous.

En 1859 le gouvernement anglais demanda de confier à une commission mixte qui opérerait *sur les lieux de pêche* le soin de préparer les éléments d'une transaction. La France, sans montrer de confiance dans l'issue des négociations, aquiesça à cette proposition. Elle était représentée par le capitaine de vaisseau de Montaignac de Chauvance et M. de Gobineau, secrétaire d'ambassade ; le gouvernement britannique par M. Kent et le capitaine Dunlop.

La commission termina ses travaux le 27 août 1859, à bord du *Gassendi*. Deux propositions furent émises :

1° La première concernait l'organisation en commun d'une police locale chargée de régler les différends entre les sujets des deux nations.

2° La seconde avait pour but de laisser la liberté la plus absolue de vendre et d'acheter la boëtte ou appât entre les sujets des deux nations, sous la réserve que la pêche du hareng à la senne serait interdite chaque année, sur la côte de Terre-Neuve, du 20 octobre au 1er avril suivant.

En mars 1860, le capitaine Dunlop fut envoyé à Paris pour s'entendre définitivement avec M. de Montaignac. Le projet signé par eux le 19 juin 1860 fut adopté en principe par le gouvernement français. Mais, le gouvernement britannique souleva de telles difficultés, à l'occasion de la préparation des instructions nécessaires à l'exécution du projet, que l'on maintînt l'ancien *statu quo*.

Il existe à Terre-Neuve des mines (*Voir Livre Jaune 1884-85*) qui n'ont de débouchés que par la côte française. Le Parlement de Saint-Jean avait concédé ces mines selon sa convenance, le gouvernement anglais refusa en 1859 et subséquemment de ratifier les concessions minières par égard pour nos droits. Mais ce fait le détermina à rechercher de nouveau les moyens de concilier les dits droits avec les richesses de la colonie. En 1866-67, les négociations reprirent mais sur des bases inacceptables pour la France.

En 1873, de nouvelles ouvertures du cabinet anglais furent accueillies par la France, non seulement en vue du règlement des questions de pêche proprement dites, mais encore, à cause de l'examen d'une autre question, celle de l'installation de magistrats anglais sur la partie des côtes de Terre-Neuve où nous jouissons d'un droit exclusif de pêche, soulevée en 1872 par le gouvernement anglais.

Dans la pensée de ce gouvernement, l'installation de magistrats sur le French Shore serait motivée par l'augmentation constante de la population dans les parages où l'on placerait ces magistrats. Mais il est incontestable que les droits d'usage que nous exerçons sur la partie de cette île, définie par les traités, nous confèrent un titre à l'occupation du sol pendant le temps propre à pêcher et à sécher le poisson.

Sur la demande du département de la Marine, le Ministre des Affaires étrangères répond : 1° Que nous ne pouvons adhérer à l'institution des magistrats, parce que cette adhésion nous conduirait à admettre la légalité sur le French Shore des populations (20.000 personnes environ en 1873) qui ont envahi les hâvres situés entre le cap Saint-Jean et le cap Raye; 2° que nos officiers étaient dans leur droit, en saisissant les filets employés dans les parages où les traités nous confèrent un droit exclusif de pêche.

Les négociations, conduites pour la France par MM. de Boissoudy, capitaine de frégate, et Humann, lieutenant de vaisseau, n'aboutirent pas.

Un projet, dû à l'initiative de M. le duc Decazes alors ministre des Affaires étrangères, établissait une déclaration se résumant comme il suit :

Renonciation par la France, sur les points autres que ceux qui sont spécifiés dans la déclaration, de la servitude internationale dont elle jouit actuellement, entre le cap Saint-Jean et le cap Raye, en passant par le Nord.

En échange de cette renonciation, reconnaissance par le gouvernement anglais de notre droit exclusif de pêche, c'est-à-dire interdiction pour les sujets britanniques ou résidents de l'Ile, de pratiquer la pêche, de quelque manière que ce soit, *dans la totalité des parages* qui nous sont réservés du 5 avril au 5 octobre.

Les droits de la France et de l'Angleterre étaient spécifiés et précisés avec grand soin. La France déclarait se réserver, d'une façon exclusive, certains lots de terrain et elle pouvait demander l'expulsion des résidents qui s'y seraient installés.

En 1879 une contre-proposition nous fut soumise de la part du gouvernement britannique (il y avait 13 paragraphes).

Sur les conseils de M. l'amiral Galiber qui venait de commander la station de Terre-Neuve, ces propositions furent repoussées. Une dépêche adressée, le 19 août 1879, à M. le Ministre des Affaires étrangères déclare que l'arrangement présente, sous le prétexte de régler ce qu'il désigne sous le nom de « privilège des Français sur le rivage », une série de dispositions ayant pour but de consacrer les prétentions des Anglais sur le *French Shore*, sans nous conférer aucune garantie nouvelle quant à l'exercice de nos droits, lesquels comportent la faculté d'occuper pendant le temps propre à la pêche et nécessaire pour sécher le poisson, *toute* la partie de la côte de Terre-Neuve comprise entre le cap St-Jean et le cap Raye en passant par le Nord.

En janvier 1880, le gouvernement anglais fit connaître qu'il était disposé à favoriser l'extension de notre protectorat aux Iles-sous-le-Vent si nous nous prêtions à des concessions du côté de Terre-Neuve. Notre gouvernement répondit que c'était là deux choses distinctes.

A la demande du gouvernement britannique, des négociations se sont ouvertes à Londres en 1881. M. le contre-amiral Pierre a été désigné comme délégué du gouvernement français. M. l'amiral Miller a représenté l'Angleterre ; les propositions n'ont pas paru acceptables. Elles admettaient, en effet, la pêche en commun et le partage de la côte entre Français et Anglais pour la préparation du poisson, de sorte, qu'au lieu de mettre fin aux difficultés pendantes, on aurait créé de perpétuelles occasions de conflits que la séparation des intérêts peut seule prévenir.

Une contre-proposition de M. l'amiral Pierre fut repoussée par le gouvernement britannique.

Donc, rupture des négociations en 1881 ; reprises en 1882. Le gouvernement britannique, après avoir constaté les difficultés qui surgissaient sans cesse à Terre-Neuve, proposait de créer une commission pour déterminer sur place les questions à résoudre.

L'amiral Jauréguiberry (nov. 1882) répondit qu'il concluait également à une étude locale, opérée de concert par les commandants des stations française et anglaise qui auraient pour mission de rechercher comment il serait possible, d'une part d'assurer à nos nationaux le libre exercice de leur industrie, d'autre part de faciliter à Terre-Neuve l'exploitation des industries minières et autres, en tenant compte des progrès que le temps a réalisés dans l'état de cette colonie.

Ces propositions n'ont pas reçu de réponse.

En 1883, à la suite d'un échange de lettres et de propositions entre Lord Lyons, ambassadeur d'Angleterre à Paris, et MM. Challemel-Lacour et J. Ferry, ministres des affaires étrangères, une commission mixte se réunit à Paris. M. Francis Clare-Ford et M. Edmond B. Pennel représentaient l'Angleterre. MM. Jagerschmidt et le capitaine de vaisseau Bigrel représentaient la France.

L'arrangement fut signé le 26 avril 1884. Il contient dix-neuf articles. Sa mise en vigueur était subordonnée à son acceptation par le Parlement de Terre-Neuve. La campagne de pêche de 1884 eut lieu sans incidents, grâce à une tolérance réciproque des deux parties, l'Angleterre et la France ayant conseillé aux commandants respectifs de leur station navale d'être conciliants. Le commandant Bigrel, commandant notre station navale à Terre-Neuve, dit, dans une lettre adressée le 29 octobre 1884 à l'amiral Peyron : « Les croiseurs britanniques se sont, pendant cette campagne, occupés très activement d'éloigner les maraudeurs des points où nous nous sommes plaints de la gêne causée par eux aux opérations des Français ».

Au moment de la campagne de 1885, la ratification du Parlement de Saint-Jean n'avait pas encore eu lieu. Le 14 avril 1885 le Ministre de la Marine écrivait à M. le capitaine de vaisseau Le Clerc :

« La ratification de l'arrangement du 26 avril 1884 est subordonnée, pour certaines parties, à la sanction législative de Terre-Neuve, mais il a été convenu l'année dernière, avec le cabinet britannique, que des instructions, conformes à l'esprit du dit arrangement, seraient remises aux commandants des stations française et anglaise, de façon à établir une uniformité de vues favorable à la solution des questions qui ponrront surgir. Aucune difficulté ne s'est en effet produite au cours de la campagne de 1884. Vous me tiendrez informé de celles qui pourront survenir cette année, mais je vous prie de vous attacher à les résoudre localement, de concert avec votre collègue de la station anglaise, toutes les fois que cela sera possible ».

Dans le courant de 1885, les négociations se poursuivirent entre le gouvernement anglais, MM. Waddington, d'Aubigny et de Freycinet, au sujet de Terre-Neuve et des Iles-sous-le-Vent ; les deux questions avaient été liées ensemble, la France ayant fait de l'extension de notre protectorat sur l'archipel de la Société une des conditions de nos concessions à Terre-Neuve.

Le 24 août 1885, le gouvernement anglais propose deux articles nouveaux à insérer dans le projet d'arrangement.

Le 25 octobre 1885, M. de Freycinet, dans une lettre adressée à Lord Lyons, fait connaître qu'il accepte la modification proposée le 24 août, au sujet des concessions demandées par les résidents anglais de Terre-Neuve, en vue de l'exploitation des mines sur le littoral réservé. Il rassure le gouvernement anglais sur les projets de la France en ce qui touche les Iles-sous-le-Vent auxquelles sera appliqué le régime douanier de Tahiti et qui ne sauraient servir, comme le craignait l'Angleterre, de lieu de déportation.

Le 14 novembre 1885, le nouvel arrangement, modifié par les deux articles additionnels, fut signé à Paris par les commissaires des deux gouvernements.

Malgré les efforts du gouverneur anglais de Terre-Neuve sir Henry des Vœux, de sir Clare-Ford et de M. Pennell, l'arrangement des pêcheries fut repoussé par la Législature de Terre-Neuve qui vota un bill, ayant pour effet de priver de boëtte nos pêcheries à partir de l'année suivante. M. Riballier des Isles, vice-consul de France à Saint-Jean de Terre-Neuve, en informait M. de Freycinet par une lettre du 18 mai 1886.

Devant le refus du Parlement de Terre-Neuve, le gouvernement français adressa de nouvelles instructions à ses officiers de marine, afin d'assurer aux pêcheurs français l'exercice des droits qui leur sont conférés par traité. De plus, de nouvelles difficultés vinrent se greffer sur celles existant déjà depuis si longtemps : pendant l'année 1886, des armateurs français, MM. Lemoine et Dameron, se livrèrent à la pêche des homards dans les parages de Terre-Neuve et installèrent des homarderies permanentes sur le French Shore : ils excédaient leurs droits, et le capitaine de vaisseau Le Clerc, commandant notre station navale, fut chargé de leur faire des remontrances. Mais les Anglais, à leur tour, élevèrent sur les côtes de Terre-Neuve réservées aux pêcheurs français, plusieurs homarderies. Le gouvernement de la France protesta de la façon la plus énergique. Le langage de M. Riballier des Isles, notre vice-consul à Saint-Jean de Terre-Neuve, ne laisse aucun doute à cet égard.

A cette question des homarderies s'ajouta également la question de la libre vente de la boëtte que le cabinet de Londres voulait interdire. Sur les instances de M. Waddington et grâce au bon vouloir de Lord Salisbury, il était décidé que rien ne serait changé pour la campagne de pêche de 1887.

Le 21 février 1887, le Parlement de Terre-Neuve votait une loi interdisant le commerce du hareng, du capelan, de l'encornet et autres poissons servant d'appât (boëtte). Les raisons, que faisaient valoir les Terre-Neuviens, était la concurrence très grande, disaient-ils, que les pêcheurs français leur faisaient pour l'exportation de la morue, grâce aux primes que leur accordait le gouvernement français.

Entre temps, M. Flourens, alors ministre des affaires

étrangères, insistait auprès de M. Waddington pour obtenir du gouvernement anglais la suppression des homarderies établies sur le French Shore. Le gouvernement anglais s'appuyait, pour les maintenir, sur l'arrangement non ratifié de 1885 et sur un soi-disant assentiment, non prouvé d'ailleurs, du Consul de France.

A toutes ces questions se joignit enfin celle des trappes, dont l'usage était déplorable et aurait amené à brève échéance la destruction complète des morues. Le gouvernement français les défendit ; le gouvernement anglais, aux demandes qu'on lui faisait pour leur suppression, a toujours répondu évasivement.

Cependant, la campagne de pêche de 1887 se passa sans incidents. On lit dans une lettre adressée par M. Flourens au comte d'Aubigny, chargé d'affaires de France à Londres : « Le commandant Humann, chef de la division navale de Terre-Neuve pendant les mois de juillet et d'août derniers, n'a eu qu'à se louer de l'attitude des officiers de la station anglaise. Ayant reconnu les inconvénients qui résultent de l'usage des trappes, ces officiers n'ont pas hésité à en ordonner la suppression dans le voisinage immédiat de nos établissements de pêche. Vous voudrez bien, de votre côté, presser de nouveau le gouvernement anglais d'interdire, comme nous l'avons fait nous-mêmes, d'une manière générale, l'usage de ces engins, dont l'action destructive a soulevé, sur certains points, les protestations des résidents britanniques eux-mêmes.

« En ce qui concerne la pêche du homard, vous devez maintenir strictement nos droits dans toute leur étendue. Vous renouvellerez les observations que vous avez déjà eu si souvent à présenter, touchant l'initiative abusive des fabricants de conserve britanniques. »

Après de nouvelles instances pour la suppression des trappes, le marquis de Salisbury, par une lettre du 28 juillet 1888, donna l'assurance à M. Waddington qu'elles seraient supprimées dans le délai de deux ans et qu'en attendant, des instructions seraient données aux autorités navales anglaises pour qu'elles ne gênent pas nos pêcheurs. La suppression des trappes ne devait être définitivement accordée qu'en 1897, près de dix ans plus tard.

Une affaire importante fut celle des homarderies installées à Port-Saunders par l'anglais Shearer. Le gouvernement français fit faire à Londres de fréquentes protestations.

Dans sa lettre du 9 août 1888 à M. Goblet, ministre des affaires étrangères, l'amiral Krantz, ministre de la Marine, précise la situation :

« Les établissements du sieur Shearer, dans la baie de l'Ingornachoix, continuent d'être une cause de troubles et de difficultés pour nos nationaux. La question est toujours la même, à savoir : *la valeur de notre droit privilégié de pêche sur le French Shore*, droit qui s'applique à tous les produits de la mer que l'on peut pêcher sur cette étendue, puisque les textes de 1713, de 1763 et de 1783 ne l'ont limité ni quant aux espèces de poissons, de crustacés, etc., pouvant être pêchés, ni quant au mode de capture. »

M. Waddington et M. Jusserand, chargé d'affaires de France à Londres, insistèrent à maintes reprises auprès de lord Salisbury pour obtenir la prompte solution de cette affaire. Le premier ministre anglais se contenta de répondre que le capitaine Hamond, commandant les forces navales anglaises, avait pris les mesures nécessaires pour que le sieur Shearer satisfasse aux obligations imposées par les arrangements conclus entre la France et l'Angleterre, et ne trouble désormais en rien les opérations des pêcheurs français. Mais il ne mentionnait aucun fait précis et il n'était pas question de la fermeture de l'usine. — De plus, lord Salisbury se plaignait de la non-fermeture, pendant la saison d'hiver, des homarderies françaises et se faisait l'écho des plaintes du gouvernement de Terre-Neuve.

Dans une note du 21 décembre 1888 adressée à M. Goblet, le comte de Lytton, ambassadeur d'Angleterre à Paris, disait :

« Aux termes du traité, les citoyens français n'ont pas le droit d'ériger sur les côtes de Terre-Neuve d'autres constructions que « échafauds et cabanes nécessaires et usités pour sécher le poisson. » Le rapport, fait au gouvernement de Sa Majesté par le gouverneur de Terre-Neuve, relatait que certains citoyens français avaient, avec l'appui du *Drac*, navire de guerre français, débarqué une grande quantité de matériel et d'outillage sur la côte de la Baie-Blanche et avaient déjà commencé à y élever des constructions très étendues et permanentes. Mais, à supposer même qu'en fait les huttes élevées sur la côte et contre lesquelles on soulevait des objections, soient construites seulement en planches et aient un caractère temporaire, comme l'affirme le gouvernement français, elles n'ont pas la destination prévue par le traité. Elles sont construites en vue de la mise en boîte des homards. Ce sont, le gouvernement français lui-même l'admet, des usines ou factoreries et, comme telles, elles ne correspondent ni à la lettre, ni à l'esprit du traité. En outre, la concession par le gouvernement français à une compagnie française du privilège de pêcher, elle seule, le homard à cet endroit pendant une durée de cinq ans, constitue, suivant l'opinion du gouvernement de Sa Majesté, un acte usurpatoire des droits territoriaux de la Couronne britannique et contraire aux traités. »

Le gouvernement français maintint énergiquement nos droits à la pêche du homard. L'amiral Krantz résume ainsi une longue lettre, développant la question, et adressée à M. Goblet :

« En résumé, nous avons le droit de pêcher le homard, aussi bien que la morue, sur la côte réservée de Terre-Neuve et de l'y préparer comme une marchandise d'exportation : 1° Parce que les traités, entendus de bonne foi et suivant leur esprit, nous garantissent sur le French Shore un droit de pêche sans restriction, ainsi que l'usage de la côte pour la préparation des produits ; 2° Parce que l'on ne pourrait concevoir un droit concurrent ou privilégié pour les Anglais, de se livrer à la même industrie, qu'à la condition d'admettre, d'une part, qu'ils peuvent là où ils se trouvent nous empêcher de pêcher même la morue, ce qui reviendrait à dire que les traités sont sans valeur, et, d'autre part, qu'ils ont la faculté de s'établir sur la côte, ce qui est explicitement interdit par la déclaration du roi Georges. »

M. Waddington écrit à M. Spuller le 1er avril 1889 :

« En dépit des arguments que nous avons fait valoir, le Gouvernement de la Reine persiste dans ses vues premières et nous conteste le droit de pêcher et de préparer le homard ; il maintient que les traités visent seulement les poissons qui peuvent être séchés au moyen de chauffauds, ce qui ne serait point le cas pour le homard.

« Quant au sieur Shearer, le cabinet de Londres, tout en écartant notre demande de fermeture de son usine, s'engage à prendre des dispositions pour que ses opérations cessent d'être une gêne pour nos pêcheurs. Il est, à la vérité, difficile de se rendre compte comment, sans fermer l'usine, ce but pourra être atteint... Lord Salisbury annonce, en même temps, le prochain envoi d'une communication sur l'ensemble de la question des pêcheries de Terre-Neuve. »

A ces prétentions du gouvernement anglais, nouvelle réponse du gouvernement français. Longue lettre de l'amiral Krantz à M. Spuller (11 mai 1889) :

« En résumé, dit-il, je suis d'avis qu'il convient de faire connaître de la manière la plus formelle au gouvernement de la Reine, que nous regardons comme une violation des traités l'attribution du monopole d'une portion du French Shore au sieur Shearer ; qu'il faut maintenir notre droit de pêcher et de préparer le homard sur le French Shore parce qu'il résulte de l'esprit du traité d'Utrecht, et que, sans lui, notre droit dominant de pêcher le poisson ne se concevrait pas ; qu'enfin, si c'est possible, nous fassions appel à un arbitrage désintéressé, ce moyen étant le seul qui puisse rendre nos droits parfaitement clairs et en mieux assurer l'exercice. »

Pendant la saison de pêche de 1889, l'échange de lettres et documents fut fréquent, entre le Foreign Office et le quai d'Orsay, au sujet de l'interprétation du traité d'Utrecht et de la Déclaration de Versailles.

Les ministres français de la marine et des affaires étrangères acquiescèrent à la proposition d'arbitrage et des instructions furent envoyées à M. Waddington ; il devait insister auprès de Lord Salisbury pour qu'il précise les points qui, selon lui, pourraient donner lieu à l'arbitrage. (Lettre de M. Spuller à M. Waddington, du 31 août 1889.)

L'idée d'un arbitrage admise en principe, il était nécessaire d'établir un *modus vivendi* en attendant que les négociations en vue de cet arbitrage aient abouti. Il fallait trancher provisoirement les questions pendantes sur lesquelles d'autres étaient venues se greffer comme l'affaire de M. M. X. X..... qui se plaignaient de la défense verbale, qui leur aurait été faite par les autorités anglaises, de pêcher le homard, concurremment avec les pêcheurs anglais dans la saison de 1890. Ces plaintes étaient d'ailleurs exagérées, et après une enquête ordonnnée sur place, Lord Salisbury écrivait à M. Waddington, le 13 mars 1890 : « J'ai l'honneur de porter à la connaissance de Votre Excellence qu'un rapport, émané de Sir Baldwin Walker, commandant du navire de S. M. *Esmerald*, affirme qu'il n'a jamais été donné d'avertissement, de la nature de celui que vous me signalez, à l'agent de M. X... par les officiers de la marine de Sa Majesté. »

Malgré cela, M. M. X. X..... adressèrent leurs réclamations au Parlement français. De plus, ils demandèrent au Conseil d'Etat de leur faire accorder deux indemnités : 1° une de 102.000 francs pour le préjudice causé par l'inaction de la station navale française contre les empiètements des pêcheurs anglais ; 2° une seconde indemnité de 280.320 francs sous le prétexte, qu'en n'assurant pas leur libre jouissance des endroits de pêche, on aurait compromis les résultats de leur seconde saison.

Le mémoire présenté par M. M. X. X... (5 avril 1891) à l'appui de leur demande en indemnité, contenait l'exposé de trois thèses :

1° Le droit de pêche des Français le long du French Shore est absolu, exclusif de toute entrave ou gêne de la part des Anglais, ainsi que le droit de faire servir cette côte à la préparation des produits.

2° Le Ministre de la Marine, en concédant l'emplacement déterminé au Vieux Ferolle et à la baie Sainte-Marguerite, n'a pas fait et n'aurait pas sans illégalité pu faire un simple acte de police de la pêche, en vue d'assurer le règne de l'ordre entre les divers exploitants. Au surplus, quand bien même il en serait ainsi, le Ministre serait responsable du trouble éprouvé par M. X..., parce qu'un citoyen est toujours fondé à requérir la protection du gouvernement de son pays.

3° Le Ministre, en délivrant à M. X... son titre de mise en possession, a passé un contrat synallagmatique dont il doit exécuter les clauses à sa charge, sous peine d'avoir une indemnité à payer pour préjudice causé. Or, il est manifeste et d'ailleurs facile d'établir que la jouissance n'a pas été libre.

Le Ministre de la Marine admit la première thèse, mais nullement la seconde. Il s'attacha à prouver que l'attribution d'une place à Terre-Neuve est essentiellement une mesure de police (et non un contrat) destinée à assurer l'ordre public dans l'exploitation des pêcheries. Dans le bulletin de mise en possession de M. X... il était dit : « Ce titre est délivré, conformément au décret du 2 mars 1852, pour constater que le capitaine du navire, titulaire du bulletin, a le droit d'occuper la place...., avec ses dépendances, etc... » Il n'y avait rien, en effet, dans ce papier qui pût rappeler un contrat, un acte définissant les obligations civiles réciproques des deux parties.

Quant à la troisième thèse, elle n'était que la contrepartie de la seconde.

L'instance introduite par MM. X... transformait le conseil d'Etat en une sorte de tribunal, susceptible de juger des actes de gouvernement. Il ne se reconnut pas compétent et l'affaire n'eut pas de suite. Il y avait d'ailleurs un précédent, tout à fait analogue, qu'il n'est pas sans intérêt, me semble-t-il, de rappeler ici.

Il s'agissait alors d'une demande en indemnité contre l'Etat, formulée en 1864 et basée sur un traité passé entre le demandeur et le Ministre de la Marine et des Colonies, stipulant pour une de nos colonies, la Guyane, l'introduction d'engagés africains. L'instance était motivée par le préjudice qu'aurait fait éprouver au demandeur, dans ses opérations de recrutement de travailleurs africains, l'arrestation de son navire par un croiseur anglais, arrestation opérée, selon le demandeur, faute par l'administration d'avoir accompli les obligations auxquelles elle s'était engagée. La demande en indemnité fut rejetée par les motifs suivants :

« La demande soulève des questions relatives à la protection due, par les officiers de la marine impériale, aux sujets français en pays étranger, et à l'obligation qui existerait, pour le gouvernement français, de réclamer auprès d'un gouvernement étranger la réparation d'un préjudice causé à un sujet français par les agents de ce gouvernement ; ces questions se rattachent à l'exercice du pouvoir souverain dans les matières de gouvernement et dans les relations internationales, et ne sont pas de nature à être portées devant le Conseil d'Etat statuant au contentieux. »

Comme on le voit, la situation, au point de vue juridique, était absolument la même, et les conseillers d'Etat de 1891 n'avaient eu à s'inspirer que des principes posés, d'une façon très juste et très logique, par leurs prédécesseurs de 1864.

Pour en revenir à l'historique lui-même de la question de Terre-Neuve et spécialement aux difficultés nouvelles et sérieuses qui avaient surgi entre les gouvernements anglais et français, des tentatives furent faites, dans le cours de l'année 1890, pour porter remède à un état de choses qui ne pouvait aller qu'en s'aggravant.

M. Spuller, dans une lettre du 19 janvier 1890, indiquait

à M. Waddington quelles pouvaient être les bases du *modus vivendi* en ce qui concernait les homarderies. Aucune modification ne serait apportée aux emplacements occupés par les établissements sur le French Shore à la date du 1er juillet 1889. Aucune concession nouvelle de pêche de homard ne sera accordée cette année par le gouvernement français sur les fonds déjà occupés par les Anglais antérieurement au 1er juillet 1889.

La demande du gouvernement français fut examinée au Foreign Office, dans des conférences auxquelles prirent part le juge terre-neuvien, Pinsent, Sir Th. Sanderson agissant pour le Foreign Office, et un représentant du Colonial Office. Après quelques modifications et observations faites par les deux gouvernements, un projet de *modus vivendi* fut soumis à l'approbation du gouvernement français le 15 février 1890.

Des modifications eurent lieu, puis le marquis de Salisbury communiqua le projet définitif qui fut officiellement accepté,par les deux gouvernements, le 11 mars 1890.

Dans son rapport de fin de campagne de pèche de 1890, M. le capitaine de vaisseau Maréchal, commandant la Division navale de Terre-Neuve, constate que, grâce au *modus vivendi*, nos pêcheurs n'ont pas été gènés dans leur pèche: il n'y eut aucun incident international de nature à troubler la pèche, et les quelques réclamations ayant exigé l'intervention des croiseurs sont sans importance. Le capitaine de vaisseau Maréchal expose que la pèche a employé cette année 9,119 pècheurs et 939 marins long-courriers pour transporter les produits. Les résultats de la pèche de la morue furent supérieurs à ceux de l'année 1889. — La pèche du homard, au contraire, a été inférieure à celle de l'année précédente. L'épuisement des fonds de pèche, dit-il, est indubitable. Ceci, joint au petit nombre de personnes que cette industrie emploie, comparé à celui des pêcheurs de morue, rend la question de la pêche du homard un peu secondaire.

Il importe de faire remarquer que le Parlement de Terre-Neuve n'a jamais admis la validité du *modus vivendi*, conclu entre les gouvernements français et anglais et renouvelé chaque année depuis 1890. C'est ainsi que sir Baldwin Walker a été condamné par les tribunaux de Terre-Neuve, pour s'être conformé aux ordres de l'Amirauté et avoir détruit des homarderies anglaises illicitement ouvertes, c'est-à-dire en dehors de l'entente commune des commandants français et anglais, ainsi que l'exige le *modus vivendi*.

Nous avons trouvé aux archives du Ministère de la Marine le texte de deux jugements que l'on peut citer, comme un témoignage de la mauvaise foi des Terre-Neuviens qui, lorsque la question du homard est née à Terre-Neuve, prétendaient que le droit de pêcher (*fish*) nous était seul donné par le texte anglais du traité d'Utrecht, mais non le droit de capturer (*catch*) le homard. Il s'agit de jugements, rendus en 1892 par sir Robert Pinsent, juge de la Cour Suprême de Terre-Neuve, stipulant qu'au point de vue de l'application des lois de pêches locales, il est indifférent qu'un navire, armé en vue de la pêche, soit employé à la pêche du homard ou à celle de la morue (1). Le terme *fishing skift* s'applique, d'après lui, quand il s'agit de Terre-Neuviens, indifféremment à un bateau pêchant la morue ou le homard. En cas d'arbitrage, sur la question du homard, nos plénipo-

(1) Voir, à ce sujet, dans la *Royal Gazette* du 9 février 1892, un jugement déclarant, à propos d'une affaire de douane intéressant uniquement des Terre-Neuviens, que le terme *bateau de pêche* pouvait s'entendre d'un bateau pêchant *le poisson ou le homard*.

tentiaires ne devraient pas manquer de relever et de faire valoir cette déclaration à l'appui de nos droits. D'ailleurs, le gouvernement français a toujours refusé de discuter sur le texte anglais des traités, le texte officiel des traités d'Utrecht, de Paris et de Versailles ayant été rédigé en langue française.

Le 11 mars 1891 fut signé à Londres un arrangement aux fins d'arbitrage. En voici le texte (1) :

« Le gouvernement de la République française et le gouvernement de Sa Majesté Britannique, ayant résolu de soumettre à une Commission arbitrale la solution de certaines difficultés survenues sur la partie des côtes de Terre-Neuve, comprise entre le cap Saint-Jean et le cap Raye, en passant par le Nord, sont tombés d'accord sur les dispositions suivantes :

« 1° La commission arbitrale jugera et tranchera toutes les questions de principe qui lui seront soumises par l'un ou l'autre gouvernement ou par leurs délégués, concernant la pêche du homard et sa préparation, sur la partie susdite des côtes de Terre-Neuve ;

« 2° Les deux gouvernements s'engagent, chacun en ce qui le concerne, à exécuter les décisions de la commission arbitrale ;

« 3° Le *modus vivendi* de 1890, relatif à la pêche du homard et à sa préparation, est renouvelé purement et simplement pour la saison de pêche de 1891.

« 4° Une fois que les questions, relatives à la pêche du homard et à sa préparation, auront été tranchées par la Commission, elle pourra être saisie d'autres questions subsidiaires, relatives aux pêcheries de la partie susdite des côtes de Terre-Neuve, et sur le texte desquelles les deux gouvernements seront préalablement tombés d'accord.

(1) Voir Livre Jaune sur Terre-Neuve, année 1891, page 369.

« 5° La Commission arbitrale sera composée : 1° De trois spécialistes ou jurisconsultes désignés d'un commun accord par les deux gouvernements ; 2° De deux délégués de chaque pays qui seront les intermédiaires autorisés entre leurs gouvernements et les autres arbitres.

« 6° La Commission arbitrale, ainsi formée de sept membres, statuera à la majorité des voix et sans appel.

« 7° Elle se réunira aussitôt que faire se pourra.

« Fait à Londres, le 11 mars 1891.

« WADDINGTON. SALISBURY. »

Le gouvernement de la République et celui de Sa Majesté la Reine désignèrent, d'un commun accord, les trois arbitres dont les noms suivent :

1° M. de Martens, professeur de Droit des gens à l'Université de Saint-Pétersbourg ;

2° M. Rivier, consul général de Suisse à Bruxelles, président de l'Institut de Droit International ;

3° M. Gram, ancien membre de la Cour suprême de Norvège.

Le gouvernement anglais se préoccupa de préparer l'exécution des arrangements intervenus. Lord Salisbury prit le parti (lettre du 22 mars 1891 de M. Waddington à M. Ribot) de s'adresser directement au Parlement impérial et de lui demander de donner aux commandants des forces navales anglaises les pouvoirs que leur conteste le Parlement de St-Jean. A la Chambre des Lords, le bill, présenté par Lord Knutsford, ministre des colonies, ne souleva pas d'opposition en première lecture. A la Chambre des Communes, deux députés libéraux, Sir J.-P. Hennessy et M. S. Hill, demandèrent :

1° S'il était vrai qu'on eût négligé de consulter la colonie sur le projet de loi ;

2° Si on attendait les délégués du Parlement de St-Jean, qui demandent à être entendus.

A la première question Sir J. Fergusson répondit que le gouvernement de Terre-Neuve, ayant déjà manifesté d'avance son opposition, on n'avait pas cru devoir le consulter. Quant aux délégués de Terre-Neuve on les attendit en effet. Ils furent admis à la barre de la Chambre des Lords. Le premier ministre de la colonie, Sir W. Whiteway, donna lecture d'un long plaidoyer, contenant l'historique de la question et les objections de la colonie tant à l'adoption du « Bill Knutsford » qu'à l'application de l'arrangement anglo-français. La conclusion de ce document est que le gouvernement de Terre-Neuve consentirait à accepter et à assurer lui-même le renouvellement et l'exécution du *modus vivendi*, mais à la condition que l'arbitrage fût général et non pas limité (Lettre du 23 avril 1891 de M. Waddington à M. Ribot.)

La seconde lecture du bill fut votée à la suite d'un long débat. Du côté du Gouvernement, le marquis de Salisbury et Lord Knutsford, secrétaire d'Etat pour les colonies, prirent la parole et, du côté de l'opposition, trois anciens ministres du parti libéral, Lord Kimberley, le duc d'Argyll et Lord Herschell. — Lord Salisbury protesta de son désir de ne pas blesser, sans un motif impérieux, les sentiments des colonies anglaises. Il a pris, au nom du Gouvernement, l'engagement d'abroger plus tard la loi dont il demande la seconde lecture, au cas où le Parlement de Terre-Neuve voterait des mesures qui rendraient superflues les dispositions du Bill actuel.

Après un grand discours du marquis de Salisbury, une demande d'ajournement, présentée par Lord Kimberley, fut repoussée par une grande majorité favorable au Gouvernement. Enfin, le 11 mai 1891, le bill sur Terre-Neuve fut voté à la Chambre des Lords, en troisième lecture, après un débat auquel prirent part, parmi les membre de l'opposition, Lord Kimberley et Lord Herschell.

Le 26 mai 1891 la législature de Terre-Neuve a voté, mais à titre temporaire (pour trois saisons de pèche seulement) le bill, dit coercitif conforme à celui présenté par le gouvernement britannique. Le Gouvernement français réclama. Le 28 mai 1891, M. Waddington écrit au marquis de Salisbury : « Nous ne pouvons que nous borner à demander que les mesures soient prises du côté du gouvernement anglais, comme elles le seraient du nòtre, pour assurer d'une façon permanente l'exécution des décisions arbitrales. Or, puisque vous avez bien voulu nous demander notre sentiment, il est clair qu'une loi provisoire, devant prendre fin en 1893, n'assurera rien après cette échéance. Et je ne vois pas comment, en présence d'une pareille incertitude, nous pourrions procéder à l'échange des ratifications de notre arrangement. »

A la suite du vote de la législature de Terre-Neuve, la Chambre des communes vota, à l'unanimité, la résolution suivante : « La Chambre, ayant été informée qu'un acte satisfaisant a été voté par la législature de Terre-Neuve, se déclare prête à soutenir le Gouvernement dans toutes les mesures nécessaires pour assurer l'exécution des traités et arrangements conclus avec le gouvernement de la France, et ne passe pas, quant à présent, à la seconde lecture du bill. »

Le gouvernement français insista vivement, et avec raison, sur ce que le caractère provisoire de la mesure votée à Terre-Neuve pouvait avoir de dangereux, surtout au point de vue de la constatation et de la répression des délits par des tribunaux locaux qui devaient être créés dans l'île.

Le 3 juin 1891, dans une lettre adressée à M. Waddington, M. Ribot disait : « L'exécution des engagements internationaux est placée sous la garantie des gouvernements intéressés et non des tribunaux quels qu'ils soient.... Les motifs, invoqués par les Délégués de Terre-Neuve contre le principe d'une loi permanente, ne sauraient être admis, et il est nécessaire de dissiper toute équivoque sur un point si important. Nous avons, en effet, le plus grand intérêt à être renseignés sur l'exécution des traités après 1893. Le gouvernement anglais, en présentant son bill, nous avait donné à ce sujet des garanties qui se trouvent aujourd'hui mises en question, et nous ne pouvons accepter la perspective de nous trouver dans deux ans en face de nouvelles difficultés plus graves peut-être que celles dont nous voulons sortir ».

Lord Salisbury ayant déclaré qu'il s'agissait non de tribunaux, mais d'un commissaire jurisconsulte qui accompagnerait le commodore anglais, M. Waddington lui fit remarquer que nul ne pouvait ignorer quel sens la Colonie attachait à l'institution de ces tribunaux, et qu'elle entendait que toutes les contestations, relatives aux pêcheries, leur seraient déférées au lieu d'être tranchées par les commandants de la station navale ou par la voie diplomatique.

M. Ribot (lettre du 23 juin 1891) dit : « Nous tenons à ce que le gouvernement anglais, responsable vis-à-vis de nous de l'exécution des Traités, n'abandonne ni à des tribunaux ni à un commissaire, qui ne relèverait pas directement de lui, le soin d'assurer l'application des actes internationaux relatifs aux pêcheries de Terre-Neuve ».

Le 5 février 1892 M. Ribot signalait à M. Waddington l'intérêt qu'il y aurait à continuer avec Lord Salisbury la négociation relative à l'arbitrage de Terre-Neuve.

Lord Salisbury répondit, le 18 février, que tel était également son avis, mais qu'il voulait attendre que le Parlement de l'Ile eût statué sur le bill que le gouvernement local devait lui soumettre.

Sur la demande du gouvernement anglais, le *modus vivendi*, relatif à la pêche du homard à Terre-Neuve, fut renouvelé, pour l'année 1892, comme il l'avait été pour la campagne de pêche précédente.

Un bill, rédigé d'accord entre le gouvernement local de Terre-Neuve et le Gouvernement de la Métropole, fut présenté au Parlement de l'Ile.

M. Ribot écrit à ce sujet (le 20 mai 1892) : « Comme je le craignais, les termes de cet acte législatif ne concordent pas avec les conditions dans lesquelles il convient que les traités existants entre la France et l'Angleterre soient exécutés ».

Le projet de loi fut d'ailleurs rejeté par le Parlement local. D'autre part, la session du Parlement anglais étant trop avancée, on renonça à lui présenter un bill pour l'exécution de l'arbitrage à Terre-Neuve. On resta donc purement et simplement sur le terrain du *modus vivendi*. (Lettre du 29 mai 1892, de M. Waddington à M. Ribot.)

Et depuis lors on est toujours dans la même situation, celle d'un *modus vivendi*, que le Parlement de Terre-Neuve renouvelle de temps en temps par un bill temporaire; il est encore valable pour l'année 1897. C'est une situation peu stable et toujours branlante.

La tentative d'arbitrage a échoué ; il y eut pour cela des raisons du côté anglais et du côté français.

Du côté anglais, le gouvernement britannique n'a pu faire voter par le Parlement de Terre-Neuve un bill permanent par lequel la colonie aurait dû respecter tous les traités, y compris le *modus vivendi* de mars 1890, relatif aux homards, lequel est renouvelé chaque année entre les gouvernements anglais et français.

Du côté français, le Parlement n'était pas sympathique à la tentative d'arbitrage à cause de l'art. 4 de l'arrangement aux fins d'arbitrage du 11 mars 1891. Cet article, nous l'avons déjà vu, disait : « Une fois que les questions relatives à la pêche du homard et à sa préparation auront été tranchées par la Commission, elle pourra être saisie d'autres questions subsidiaires, relatives aux pêcheries de la partie susdite des côtes de Terre-Neuve et sur le texte desquelles les deux gouvernements seront préalablement tombés d'accord ». Le Parlement français craignait que, s'appuyant sur cet article dont l'interprétation pouvait être très large, on engage plusieurs autres questions, notamment celles des primes et de la morue, qui ne sont pas contestées.

La Convention d'arbitrage a cependant été votée par le Sénat (voir rapport de M. Lenoël), mais la Chambre des députés a voulu attendre le vote de la Chambre des communes. Ce vote n'a produit aucun résultat chez nous. Le gouvernement français a fait entendre que le gouvernement anglais devait se préoccuper de faire prendre l'engagement par Terre-Neuve de reconnaître les traités passés entre la France et l'Angleterre. Peut-être avons-nous eu tort ; la signature de la Métropole britannique pouvait nous suffire. Depuis lors, en effet, l'Angleterre s'est toujours retranchée derrière la volonté contraire du Parlement de Terre-Neuve.

Depuis 1892, des difficultés se sont élevées seulement du côté douanier. Le gouvernement de Terre-Neuve a voulu frapper de droits de douane les marchandises importées sur le *French Shore*. Des marchandises ont été saisies pour n'avoir pas payé de droits. Le gouvernement français a protesté assez énergiquement, pour que l'Angleterre se soit décidée à rembourser le droit perçu sur des marchandises qui étaient indispensables à l'exercice de la pêche. Il s'agissait de marchandises amenées sur le *French Shore*, sous pavillon non français; il est vraisemblable que le même incident n'aurait pas été soulevé si les mêmes marchandises avaient été importées sous pavillon français.

Un fait à signaler, en terminant, est que la bande du *French Shore* n'a jamais été déterminée quant à sa largeur et sa profondeur dans l'intérieur des terres. En 1885, l'amiral Miller avait proposé l'étendue de un mille et demi.

La loi de 1888 sur la vente de la boëtte a été supprimée, mais on est aujourd'hui menacé de la voir de nouveau entrer en vigueur.

Enfin, — et nous croyons en cela être d'accord avec l'opinion généralement admise de nos jours, — étant donné le nombre restreint de pêcheurs français se livrant aujourd'hui à la pêche de la morue à Terre-Neuve, nous conclurons en exprimant l'avis que le seul moyen de mettre un terme aux difficultés si anciennes et toujours insolubles qu'a soulevées la question du French Shore serait le rachat par l'Angleterre, moyennant une compensation suffisante, de nos privilèges de Terre-Neuve.

Conclusion

Je crois avoir montré, par les derniers chapitres de cet ouvrage, que l'on peut, sans contredit, accorder à la pêche maritime une place importante dans les diverses questions qui occupent le droit international public. Maintenant, arrivé au terme du plan que je m'étais tracé et, m'élevant au-dessus des questions de détail traitées au cours de cette étude, je tiens, en terminant, à signaler et à retenir l'importance primordiale de l'industrie de la pêche à deux points de vue bien humains : le point de vue matériel et le point de vue social.

Au point de vue matériel, je ne citerai qu'un exemple emprunté au *Moniteur Maritime* du 4 juillet 1897 : pendant le mois de mars de cette année, la pêche en bateau seule, en France et en Algétie, a produit 4,605,936 francs ; en outre 256 embarcations de types variés ont été livrées par les chantiers du littoral. La pêche est donc, d'une façon absolument évidente, une source de revenus pour la nation en même temps que le gagne-pain d'une quantité innombrable de familles riveraines de la mer.

Enfin et surtout, je ne saurais passer sous silence le point de vue social. La pêche en haute mer, peut-on dire, est une véritable école, l'école de la bravoure, des dévouements et des nobles traditions.

Je lis encore dans un numéro de février du *Moniteur*

Maritime l'intéressant entrefilet suivant : « La ville de Paimpol a été, cette semaine, le théâtre d'une imposante cérémonie : la bénédiction solennelle de 46 navires qui composent cette année la flottille islandaise. La procession, dit le *Petit Journal*, s'est déroulée à travers les rues de la ville, pavoisées de drapeaux et décorées de verdure.

« La statue de Notre-Dame de Bonne-Nouvelle, patronne des marins, dévotement suivie par les armateurs, les capitaines, les marins et la foule, a été portée sur le magnifique reposoir dressé au bout de la jetée, d'où elle a assisté à la bénédiction des goélettes entassées dans le bassin. »

Au milieu de l'inconcevable scepticisme et de l'écœurant affaissement moral de notre siècle finissant, ces exemples de fidélité aux traditions du passé sont de ceux qui font plaisir et qui réconfortent. On conçoit que ces populations maritimes puissent former de beaux et fiers caractères, parce qu'elles ont conservé les vieux principes de morale et de croyance qui seuls font la force et la grandeur d'une nation. Elles constituent, en quelque sorte, une réserve qui se trouve être une garantie de stabilité pour un peuple.

Ce n'est pas là, à ce qu'il me semble, un mince titre de gloire, et il valait la peine d'être signalé. Que ne devrions-nous pas, en effet, à la pêche maritime, si elle servait à maintenir vivaces ces sentiments admirables — germes de toute force et de toute vie — qui sont à la base des institutions durables, qui seuls incitent à l'héroïsme, enflamment les cœurs et peuvent ainsi ressusciter les peuples et préparer l'avenir !

Annexe 1

A la date du 2 novembre 1897, je reçois de Monsieur le Consul de France à Ostende la communication suivante, relative aux difficultés qui continueraient d'exister dans la mer du Nord, entre pêcheurs anglais et belges, malgré la Convention de La Haye :

« A ma connaissance, il n'existe entre Belges et Anglais aucune difficulté relativement à l'application de la Convention de La Haye. Les seules difficultés existantes sont celles qui ont trait à la vieille querelle entre chalutiers (pêcheurs faisant usage de filets traînants) et harenguiers, mais elles sont communes aux pêcheurs de toutes les puissances contractantes. Jusqu'ici, d'ailleurs, elles n'ont donné lieu à aucun incident notable.

« En définitive, depuis 1887 les rapports entre pêcheurs belges et anglais se sont considérablement améliorés. On peut dire même qu'ils sont devenus cordiaux ».

Annexe 2

A titre de document, voici les noms des États ayant pris part à la Conférence de Paris, en 1882, relative à la

12

protection des câbles sous-marins : Allemagne, République Argentine, Autriche-Hongrie, Belgique, Brésil, Chine, Costa-Rica, Danemark, République Dominicaine, Espagne, Etats-Unis d'Amérique, Etats-Unis de Colombie, France, Grande-Bretagne, Grèce, Guatemala, Indes Britanniques, Italie, Japon, Mexique, Nicaragua, Norvège, Pays-Bas, Portugal, Roumanie, Russie, Salvador, Serbie, Suède, Suisse, Turquie, Uruguay. Le bureau télégraphique international de Berne y figurait également.

Je tiens, en outre, à relever dans les compte-rendus des huit séances plénières de la Conférence, présidées avec beaucoup d'impartialité et de tact par M. Cochery, quelques points de la discussion qui me paraissent présenter un vif intérêt au point de vue de la pêche maritime (1).

M. le docteur Dambach, délégué de l'Allemagne, avait proposé un article additionnel ainsi conçu : « Il est défendu aux pêcheurs de se servir d'instruments pouvant détruire ou détériorer les câbles sous-marins. » Spécialement dans la mer du Nord, où il y a environ quinze câbles immergés et où les pêcheurs sont très nombreux, souvent des destructions ou des détériorations sont causées par des chaluts (vastes engins de pêche) mal réparés, ainsi que l'a très bien expliqué le délégué du Danemark dans la séance du 30 octobre. L'addition n'a cependant pas été admise, elle a paru dangereuse pour les pêcheurs et d'une exécution presque impossible pour les gouvernements qui auraient à surveiller les engins de milliers de bateaux.

Dans la Convention des pêcheries signée à La Haye en mai 1882, il y a bien une disposition analogue en apparence : « Il est interdit d'employer tout instrument ou engin

(1) Voir l'étude déjà citée de M. Louis Renault dans la *Revue de Droit International*, année 1883.

servant exclusivement à couper ou à détruire les filets (art. 23) ». On voit la différence : il existait, paraît-il, un instrument ne pouvant servir qu'à détruire des engins de pêche ; il n'existe rien de semblable pour les câbles ; il s'agirait seulement, comme l'expliquait très bien M. Trévor à la Conférence, d'empêcher l'emploi de filets et de chaluts sur lesquels des réparations mal opérées auraient laissé des pointes ou des boutons saillants qui, par le frottement, pourraient endommager un câble.

L'observation suivante de M. Jansen, délégué hollandais, est également intéressante à signaler : « Si les compagnies télégraphiques avaient eu un peu plus d'égards pour les besoins de la pêche, si elles avaient, par exemple, immergé leurs câbles dans des eaux profondes, elles n'auraient pas rencontré les difficultés contre lesquelles elles ont aujourd'hui à lutter. Pour en éviter le renouvellement, ne pourrait-on pas imposer aux compagnies l'obligation de ne poser leurs câbles qu'en dehors des bancs fréquentés par les pêcheurs ? Il convient de concilier les deux intérêts en présence : car si la mer est libre pour les câbles, elle l'est aussi pour les pêcheurs, et si l'on s'accorde à reconnaître qu'il faut une protection aux compagnies, on ne saurait en refuser une aux pêcheurs. »

Les délégués de la Grande-Bretagne avaient proposé l'adoption de l'article suivant : « Les tribunaux compétents pour connaître des infractions à la présente convention sont ceux de l'Etat le moins éloigné du lieu où le délit a été commis. » Les cas sur lesquels nous statuons, à présent, disaient-ils, sont loin d'être semblables à ceux que règle la Convention de La Haye. Il s'agit, dans cette dernière, d'une mer d'une étendue comparativement restreinte et des pêcheurs des Etats que baignent ses eaux. Or, ces pêcheurs rentrent à leur port d'attache après une absence qui ne dure jamais très longtemps. Maintenant, au contraire, il est question du monde entier ; le navire délinquant peut se trouver très loin du pays dont il porte le pavillon, il faut établir une juridiction facilemənt accessible et à la portée de tous.

Cette manière de voir ne fut pas sanctionnée par les autres membres de la Conférence. M. Renault dit très justement : « Il arrivera le plus souvent que l'on ne pourra pas constater *de visu* et sur-le-champ les ruptures ou les détériorations des câbles ; ce sera quelque temps après, par les témoignages, par les indiscrétions des matelots débarqués, que l'on parviendra à les découvrir. A ce moment, le bâtiment qu'il s'agit de poursuivre sera bien loin du lieu où le fait délictueux a été commis, et le tribunal compétent sera naturellement celui du pays où se trouve le port d'attache de ce bâtiment. »

Il nous a semblé que ces quelques développements étaient de nature à compléter utilement l'analyse de la Convention de Paris.

Annexe 3

A la dernière heure — 5 novembre 1897 — je reçois de Washington une communication qui prouverait que la Conférence qui devait avoir lieu, dans cette ville, au sujet des pêcheries de Behring, au mois d'octobre dernier, se tient en ce moment. L'Angleterre aurait persisté dans son refus d'y prendre part. La communication est ainsi conçue : Les délégués américains, russes et japonais ont décidé de conseiller à leur gouvernement d'envoyer en Angleterre une note identique demandant de suspendre la pêche des phoques dans la mer de Behring.

Errata

Page 21, en note, au lieu de : p. 175, *lire :* p. 159.

Page 32, en note, au lieu de : tome II, p. 226, *lire* : tome I, p. 14.

Page 45, à la quatrième ligne, au lieu de : tome II, p. 180, *lire :* tome II, titre VII, p. 4.

TABLE DES MATIÈRES

Paris. — Imprimerie JEAN GAINCHE, 15, rue de Verneuil.

Printed in Dunstable, United Kingdom

91219474R00107